さよさんの「物の減らし方」事典

リバウンドしない整理収納術

小西紗代 著

講談社

はじめに

物の整理は人生の棚卸しです。

私が初めて沢山の物を処分したのは、阪神淡路大震災の後でした。

当時、実家の私の部屋は雑誌や楽譜、卒業アルバム等、思い出の物が溢れる「物置状態」だったので、震災を機に写真以外は処分しました。

2度目は41歳、がんの手術することになった時。

手術の同意書に何枚もサインしながら、「こりゃヤバイ！」「もしも……があるかも」と、帰宅後すぐに物の整理に着手。手術まで1週間もありませんでしたが、使っていなかったバッグや衣類を処分し、通帳や保険証券類は、「もしもの時、家族にも分かるように」と一ヵ所にまとめ、伝えたのでした。

3度目は2年前、歳下の従妹《いとこ》が突然、他界した時。

何の前触れもなく突然だったこと、私より歳下ということがショックで、しばらく落ち込みましたが、生前整理の重要性を強く感じ、生前整理について学んだり、新たにがん保険や生命保険に加入したり、写真の整理、思い出の物の整理をしました。

節目に度々、こうして物の整理を行っていても、普通に日常生活を送っていれば、どんどん物は溜まっていきます。家は狭いし、整理収納の仕事をしていることもあり、私自身、季節の変わり目には必ず衣類の整理をし、何か物が新しく家に入ってくれば、それらの定位置が作れるよう不要な物は処分していましたが、それでもいつの間にか物が増えているのですから、意識していなければ、家中、物だらけになるのは必定です。

日常生活で出るゴミとは違い、物の整理は痛みを伴います。手放す痛みをゼロにはできませんが、それを越える「快適」が必ず待っています。あなたが持っている物は、あなたの生きてきた証です。一度、自分の持ち物と向き合い、人生の棚卸しをしてみませんか？

そもそも何故、あなたの部屋は散らかってしまったのでしょうか？　物が多いのはどうしてでしょうか？

いつの間にか物が増えてしまった、沢山持っていないと不安、片づける時間がない、片づける気力、体力がない等、理由は様々です。「収納する場所がないけれど、それらを持っておきたい、でも快適に暮らしたい……」、残念ながらそれは叶いません。快適に暮らしたいのであれば、それらを手放す必要があります。
時間はかかりますが、これから本書に添って、一つ一つ物と向き合ってみましょう。一つ一つ向き合えば、「何故、今まで持っていたの?」と気づくかもしれません。今のあなたに合っていない物とは、きっぱりお別れです。「捨てる」は最後の手段としても、自分の元から去るわけですから物を手放す痛みはゼロではないでしょう。しかし、その痛みを伴ってでも手放す価値はあります!!物が減ると空間が広くなり、日々の生活が快適になり、家事も省力化できます。家事が省力化できるということは、自由な時間が増えるのです。痛みを越えたこの快感を是非、味わって欲しい!本書に添って、物に縛られている自分を卒業し、**「物が管理できる自分」**にアップデートし、人生を変えましょう。

こんな物とは即、お別れを!

□気に入っていない物
□壊れている物
□使いづらい物
□デザインが好きじゃない物
□自分の中で旬が終わっている物

物を手放せば手放すほど、空間、快適、自由が増える。

もくじ

はじめに　3

レッスン1 「整理」「収納」ができるメンタルになる！

整理収納は「未来への投資」
あなたが片づけられないのは当然です　10
「片づけ上手になりたい！」、でもその前に……
「整理」「収納」「片づけ」の意味を理解していますか？　12
片づけられない人は「物を手放せない」人
あなたが整理できない理由　14
〝本当に必要な物〟〝大切な物〟を見極めましょう
物を整理する＝捨てるではありません　16
「整理できない……」と悩んだ時は「好き」「嫌い」で解決！
物の減らし方チャート　18
始める前に必ずすること。「時間」と「範囲」を決める　20
あなたは、方法が分からないから、できなかっただけ！
「快適」を手に入れる、たった3つのステップ　22

物の整理、どこから始めるのが正解？ 24
本気で家をきれいにするための3ヵ条 26

レッスン2
絶対にリバウンドしない、さよさんの整理収納術

物や部屋の整理の前に、
自分自身の気持ちの整理をしてみましょう 28
ゴールを思い描くために
「マイ・ヒアリングシート」を作りましょう 30
01 靴箱 Aさん お悩み・解決法 32
整理／靴箱 34
収納／靴箱 38
02 キッチン Bさん お悩み・解決法 40
キッチンの整理・収納 成功の手順 44
整理／キッチン 消耗品 46
収納／キッチン 消耗品 50
整理／キッチン 調理道具 54
収納／キッチン 調理道具 58
整理／キッチン 食器 62

収納／キッチン 食器 66
整理・収納／キッチン その他 70
Bさん宅のキッチンの整理収納、作業完了！ 74

03 リビング ダイニング Cさん お悩み・解決法 76
整理／ダイニング 78
収納／ダイニング 82
整理・収納／リビング 86
整理・収納／書類 90

04 クローゼット Aさん お悩み・解決法 94
衣類の整理・収納 成功の手順 96
整理・収納／クローゼット 98

衣類の整理、その基準はどうするのが正解？ 102
フリマアプリを逃げ道にしない！ 104
物の持ち方が変わってきた 106
ライフステージにより物の持ち方が違う 108

物とのお別れ＆手放し方事典 109

おわりに 126

※本書に掲載している商品はすべて著者、取材対象者の私物であり、
情報は2020年1月時点のものです。
※商品情報については変更になる場合もあります。あらかじめご了承ください。

レッスン1
「整理」「収納」ができるメンタルになる！

整理収納は「未来への投資」あなたが片づけられないのは当然です

片づいた部屋は気持ちいい、家事もスムーズ、ストレスフリー……と頭で分かってはいても、「なかなか上手くいかないのが現状」という方、多いのではないでしょうか。でも、何から手をつけていいか分からないし、どうしたら良いかも分からない、本や雑誌やインターネットで片づけの情報を集めてみても、上手くいかない……。

安心してください！　それは極々、普通のことです。だって、片づけは学校で習ってこなかったから！　現在は小学5年生の家庭科で片づけを学びますが、昭和時代は「親がしている片づけ」を見て真似するしかなく、正しい片づけ方法を学びませんでした。親世代も片づけを学んでいなかったのですから、あなたが片づけられないのは、当然のことなのです。

もちろん、私自身もそうでした！「片づけができる風」を装っていましたが、実は物が多く、隙間という隙間にギュウギュウ物を突っ込み、使い勝手が悪い収納をしていました。取り出しにくいので、使わなくなった物は沢山あるし、取り出すのが面倒なのでストレスは溜まるし、物が多いのを棚に上げて、「もっと収納が多ければいいのに……」と不平不満ばかりで、負のスパイラルに陥っていました。

物の多さに気づいたのは、今の家に引っ越した時。引っ越し準備の際、押し入れの天袋や、箪笥の上に、テトリスのブロックのように、ギチギチにはめ込まれた色んな箱を降ろすのに一苦労！　かなりの量ありました。

「不要な物は新居に持ち込まない！」と決め、大量に処分して引っ越したはずでしたが、入居後もまだ物の多さに愕然《がくぜん》。沢山の物を把握しきれていなかったことを反省し、「管理できない物を持つ無意味さ」を体感しました。その結果、使う物、好きな物だけ残すことに視点を置き、整理を何度も繰り返し、ようやく今の快適なスタイルを手に入れたのです。

引っ越しのような一大イベントがない限り、家中の物と向き合う機会ってそうありません。しかし、あなたは運がいい！　この本を手にしてくださいました。これから期間を決めて、家中の物と向き合い、物を減らし、片づけ方を知りましょう。片づけ力を身につけましょう！　そして、「片づけられる人」に進化しましょう。今行えば、必ず未来の快適は約束されます。

「片づけ上手になりたい！」、でもその前に……

「整理」「収納」「片づけ」の意味を理解していますか？

片づけに関する言葉でよく聞く「整理」「収納」「片づけ」は全て意味が違うこと、御存じでしょうか？「物を捨てること」＝「片づけ」と取られがちですが、全く違います！

「整理」とは、「物を減らすこと」。**「捨てること」ではありません**。あなたがこれからも大切に使いたい物、**好きな物を「選んで残す」ことが、「整理」です**。物を手放す方法は、リサイクルショップに持っていく、今、流行りのフリマアプリを活用する、寄贈する等があります。まだ使える物は捨てずに、物に第二の人生を送ってもらえるようにしてみてください。「誰かが使ってくれるなら……」と思えば、心が軽くなりますし、エコにも繋《つな》がります。壊れている物、再利用できないほどボロボロの物は、捨てるしかないですが、「捨てる」は最終手段にしましょう。物を整理すると、不思議と気持ちも頭も整理されますよ。

「収納」とは、使いやすく物を収めること。使う物と、使う場所がマッチするよう、行動動線や家事動線上に物を収納します。動線だけでなく、物を置く高さも考慮しましょう。使いやすい高さは、中、下、上の順。

中は、膝の上から目線の高さまで。使用頻度が高い物を収納します

下は、しゃがんで取り出さないといけない低い場所。重い物の収納に向きます

上は、椅子や脚立に乗らないと取り出せない高い場所。軽い物の収納に向きます

「収納」は、空いている場所に、物を突っ込むことではありません。物が少なければ、収納はとても簡単になります。

「片づけ」とは、出した物を元の場所に戻すこと。毎日のルーティンワークです。物を元に戻す場所はありますか？　物の住所が決まっていても、物が出しっぱなしになるのは、物を元に戻す習慣がないから。物を使った人が元の場所に戻す、片づけ習慣を家族につけてもらわなければなりません。

整理

＝

好きな物を選んで残すこと

収納

＝

使いやすく物を収めること

片づけ

＝

出した物を元の場所に戻すこと

片づけられない人は「物を手放せない」人

あなたが整理できない理由

特売品・セールが大好き

セールはお得感を
買っているだけ。
買って使わないなら
お得ではありません。

いつか使うかも

いつか?
使う日にちが
明確でないなら
手放しましょう。
「いつか」は来ません。

もったいない

使わないのが
もったいないのです。
物の役目を全うできるよう、
使ってもらえる人に
バトンタッチを!

手放して後悔したくない

後悔するかどうか
未来のことは
今、分かりません。
勇気を出して
手放してみて!

子どもに残す

子どもの価値観と
あなたの価値観は
同じですか?
子どもの意見を
聞いてみてください。

ストックが沢山あると安心

消耗品にも
消費期限があります。
使う頃に劣化して
使えなければ全てゴミ。
沢山は必要ありません。

高価だったので手放せない

購入した時の価格と
今の価格は違います。
値段ではなく
その物の価値を
考えてみて!

壊れていないから

壊れていなくても
使わないならお別れを。
使ってくれる人に
物の命を繋ぎましょう。

お気に入りだから

お気に入りなら
残して使いましょう。
思い出の物ならしっかり保管を。
保管品だらけにならないよう
注意して。

**手放す行為は、
物を粗末にすること
ではありません!
本当に必要な物、
大切な物を
見極める作業です。**

〝本当に必要な物〟〝大切な物〟を見極めましょう

物を整理する＝捨てる　ではありません

あなたが物を整理できない理由について考えてみましょう。

01　物が多すぎるから
02　いつか使うかもしれないから
03　私にはできないと思い込んでいる

当てはまるものはありますか？

01　物が多すぎるから

物が多いのは、流行や特売品が好きで、ついつい買ってしまうからではありませんか？　好きな物を全て揃えたいコレクター？　「ついつい買ってしまう」のは、何も考えず財布を開けるからです。レジに行く前に**「これは私にとって本当に必要な物なのか？」一度、立ち止まってみて！**

02　いつか使うかもしれないから

「いつか」は来ません。いつ来るか？　来ないか？　分からない未来のためにスペースを取られるなんてナンセンス。もし処分した後、必要になった場合、それは自分自身が見極められなかった「授業料」だと思って割り切って。

失敗は成功のもと。次回から失敗しなくなります。持つ量にも限界があります。管理できない物や**使っていない物は「持っていない」のと同じこと。手放す決意を！**

03 私にはできないと思い込んでいる

以前、頑張ってやってみたけれど、私にはできなかった……という方。一度、二度、失敗をしたとしても、次は成功するかもしれませんよ。諦めないで！「無理」「できない」と決めつけているのは、あなたです。

「できない」という思い込みは今すぐ、捨てましょう！

「物を整理する＝捨てる」ではありません。繰り返しになりますが、自分にとって大切な物を選ぶ、残すことが整理です。自分にとって今、大切でない物、必要でない物はリサイクルへ。誰かが使ってくれることにより、手放す罪悪感も軽減できるし、エコにも繋がります。

こんな人は要注意！

- 特売品が好き
- 流行にすぐ飛びつく
- バーゲンセールは欠かさず行く
- アウトレットモールによく行く
- 無料の物は何でも持ち帰る

物の減らし方チャート

「整理できない……」と悩んだ時は「好き」「嫌い」で解決！

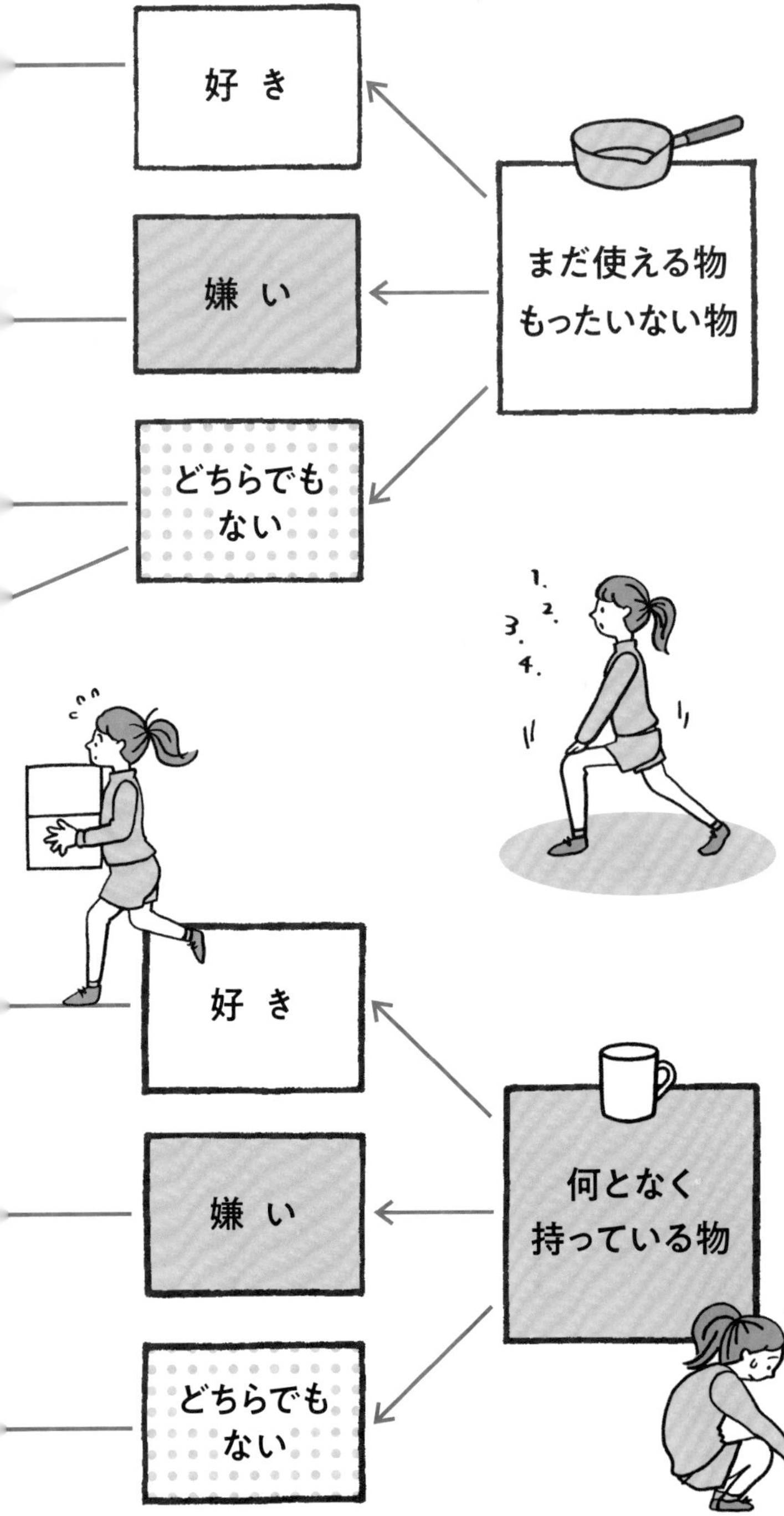

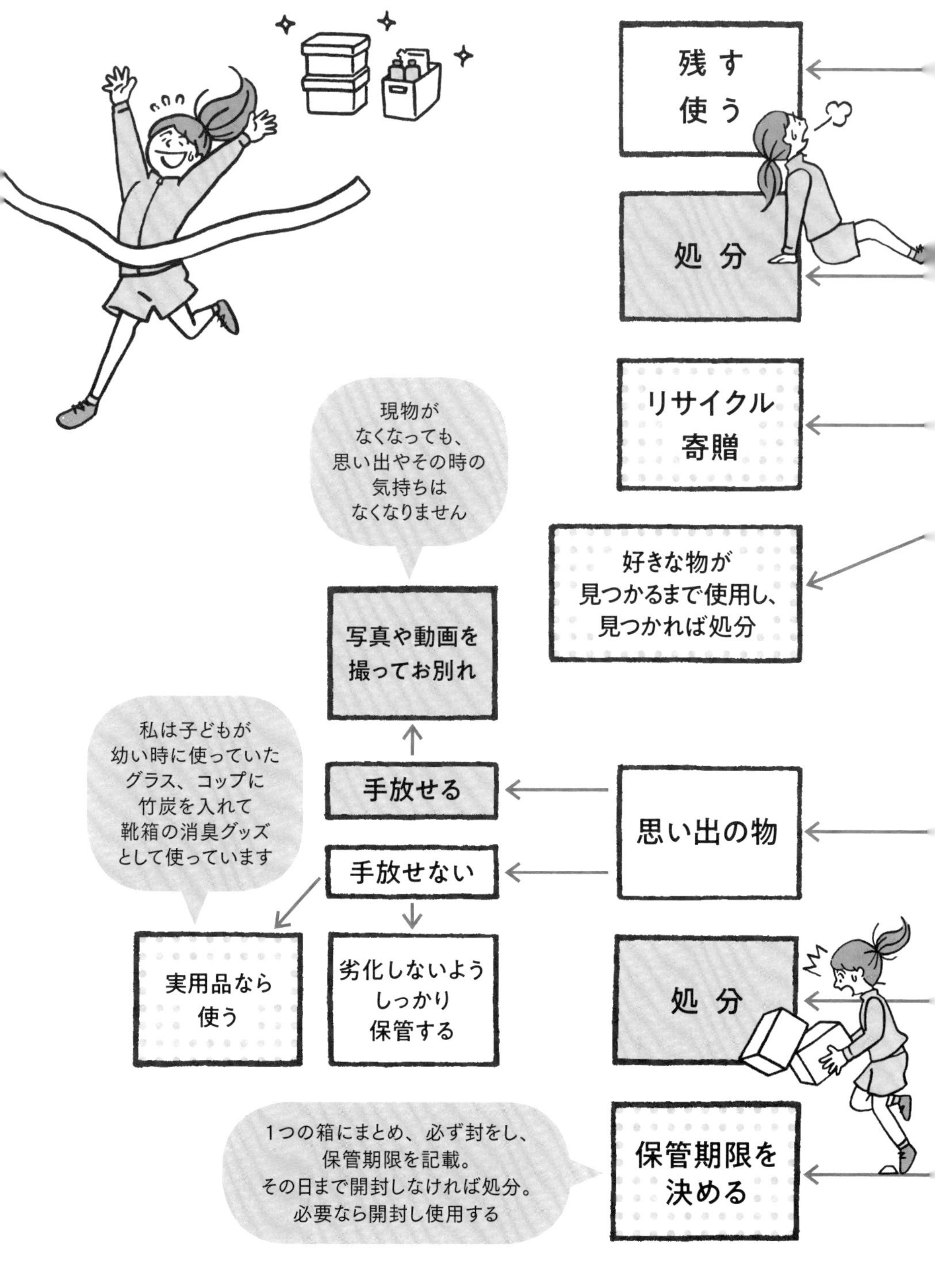
残す
使う
処分
リサイクル
寄贈
好きな物が
見つかるまで使用し、
見つかれば処分
現物が
なくなっても、
思い出やその時の
気持ちは
なくなりません
写真や動画を
撮ってお別れ
手放せる
手放せない
思い出の物
私は子どもが
幼い時に使っていた
グラス、コップに
竹炭を入れて
靴箱の消臭グッズ
として使っています
実用品なら
使う
劣化しないよう
しっかり
保管する
処分
1つの箱にまとめ、必ず封をし、
保管期限を記載。
その日まで開封しなければ処分。
必要なら開封し使用する
保管期限を
決める

始める前に必ずすること。「時間」と「範囲」を決める

いざ、「物を減らす」を実行する際、決めて欲しいことがあります。

A．ここまでやりきる！と時間を決める、または、**B．ここまでやりきる！と範囲を決める。**

家中の物を減らそうとするなら、「A．時間を決める」を選択してください。その場合、時間が来たら終わってOK！　時間は、15分、30分、1時間など、ご自身の都合に合わせて行ってください。ただし、短時間の場合、継続しないときれいにならないので、ある程度の日数が必要です。

私個人は、範囲を決めてやりきるB派ですが、これは難易度「高」。レベルが10まであるとすれば、Max10にあたります。なぜなら、「やりきるまで終わらない」から。自分が納得するまでやってしまうので、時間がかかるかもしれないし、長時間になると疲れます。年に一度や二度ならそれでもいいで

すが、かなり疲れるので覚悟が必要です。

Bを選んだ人は、範囲を狭めましょう。引き出し1つくらいなら、すぐに終わって楽ですが、98ページのような衣類辺りになってくると、かなり大変なので、注意してください。

理想は、C.「時間」と「範囲」を決めて行うこと。「○時までにここを終わらせる!」と決意して始めます。

整理収納作業の現場では、必ず、時間と範囲を決め、それを目標に完成させています。ダラダラ行っているわけではないのですが、時間があると思うと、気が緩むので進みが遅くなります。減らすことに慣れてきたら、是非、時間と範囲を決めてみてください。タイマーをかけるとより効果的! ゴールにぐっと近づき、片づけの達人になりますよ。

※長時間、作業に取り組む場合は、家事の前倒しをおすすめいたします。整理の作業は、かなりエネルギーを消費します。本気で家を整えたレッスン生たちは、平均して3kg痩せました。それほどの重労働の後に家事をするのは大変です。食事の支度等あらかじめ準備してから作業をすることをおすすめいたします。

あなたは、方法が分からないから、できなかっただけ！

「快適」を手に入れる、たった3つのステップ

きっとあなたは、「家をきれいにしたい！」「物を減らしたい！」と思い、この本を手に取ってくださったはず。恐らく、長年片づいていない家にモヤモヤしていたのではないでしょうか？　モヤモヤだけならよいですが、イライラしたり、憂鬱《ゆううつ》になったり、散らかっていることが原因で家族とギクシャクしたり……。

おめでとうございます！　そんな暮らしとお別れする時が来ましたよ！　本気で家をきれいにしましょう！　暮らしやすくしましょう！　たった3つのステップで、それが叶います。

① ゴールの日を決める
② こんな暮らしがしたい！　を決める
③ ゴールに向かって物を手放す（減らす）

①マラソンにはゴールがあります。ハーフマラソンか、フルマラソンか、自分に合った距離でないと体力が消耗し、棄権する可能性もあります。整理収納も同じでダラダラ行わず、ゴールを決めるこ

とが大切です。本気で走りぬけば必ずゴールに到達します。その日を設定しましょう。例えば……　１ヵ月後、３ヵ月後に完成させる！　と心に誓う。紙に書いて貼る（書く行為は行動しやすくなると言われています）。決意表明しましょう！

②きれいな空間で日常生活を送るってどんな感じだろう？　こんな風だといいな♡

思いっきり妄想してください。妄想はタダです！　自由です！

しかし中には「理想の暮らし」が浮かばない人もいます。ある程度、きれいな家に住んでいる人、もしくは、物が多すぎて疲れている人のどちらかです。部屋に物が多いと思考が停止してしまいます。妄想できなくても大丈夫、「やる！」「やりぬく！」と決意してください。

③ゴールと理想が決まったら、スタートです！

今まで多くの人に整理収納のアドバイスをしてきました。片づけられない人はいません！　今まで片づけを知らなかったからできなかっただけです。**安心してください、できなかった人はいません から！**　やらなかった人はいます。やらなかったからできなかったのです。今まで何人もの受講生が「快適」を手に入れてきました。本書に添って、一緒に快適・きれいを実現するゴールに辿りつきましょう。

物の整理、どこから始めるのが正解？

片づけよう！　物を減らそう！　と決心した人は、是非、「箱の整理」から始めてみてください。「私はやる気満々だから、押し入れからしたい！」「服がギュウギュウ詰めのクローゼットからやるわ！」と思われるかもしれませんが、それが失敗のもと！　大変な所から始めると、「時間がかかる」「疲れる」「思ったほどきれいにならない」の三重苦でモチベーションが下がるか嫌になり、そこだけで終わってしまいます。家中をきれいにしたいのなら、「箱の整理」から始めるのがおすすめです。箱の中のような、小さいスペースなら短時間で終わり、すぐにきれいになるので、次もまたやってみたくなります。この「きれいはうつる」の法則で、また次の箱にも着手。それを繰り返すことで、判断力が身について整理や収納のコツがわかり、自分スタイルの片づけが身につきます。「箱なんて……」と馬鹿にしてはいけません。小さなスペースほど、ぎっしりあなたの大切な物が詰め込まれているはず。

筆箱……捨てるペンを選ぶのではなく、書きやすいペン、お気に入りのペンを1位からランキングしてみて！　10位以下のペンはどんなペンでしょうか？

私自身の基準では、薬の名前や企業の名前が入っているペンは使いません。中の芯だけ抜いて外側はお別れします。持ち物は自己表現なので、自分の価値に合わない物は持ちません。

薬箱……使用期限が切れた薬は即、処分。内服薬に限らず、外用薬も同様です。処方薬が残っているのは使い切らなかったからです。今後はしっかり使い切って残薬を増やさないようにしましょう。

裁縫箱……道具と材料を分けましょう。裁縫箱の中は道具のみ。端切れが沢山入っていると、いざ、道具を使う時に、それらをよけて取り出さなくてはいけません。布は布でまとめて保管しましょう。ゴム紐やボタン類などのパーツは、箱内に収まる量でなければ、箱から出して「材料」としてまとめて収納しましょう。

コスメボックス……本当に使う物だけ入っていますか？　お土産で貰った似合わない口紅や好みじゃない香水をなんとなく入れていませんか？　いつか使うつもりの試供品は、今日から使いましょう。古い試供品は肌を傷めることもあるので、潔く処分を。

ジュエリーボックス……「好みではない」「長年つけていない」といったアクセサリーは、潔くお別れを。磁石にひっつく物は、メッキです。磁石につかないジュエリーは、貴金属買い取り専門店へ。

その他、缶や箱の中……昔の手紙やはがき、それともリボンやスタンプが入っていませんか？　女性は細々した物が好きで箱に仕舞い込む性質があります。全て処分する必要はありませんが、一度、箱を開いて「今の自分に必要か？」をじっくり考えてみてください。

本気で家をきれいにするための3ヵ条

この本を読んでいるということは、〝片づけられる人〟です。片づけは学校で学びませんでしたし、親からも習わず「なんとなくこんな感じ」で今まできたはずです。正しいステップで進めば必ず片づけられます。

1 「片づけられない人」はいない

片づかないのは、「物が多い」から。物を減らすことができないなら、大切な「宝物」から選んでみて！　好きな物を選ぶのは楽しいし、減らすよりハードルが下がりますよね。「迷う物」は宝物ではありません。それらとお別れしていきましょう。

2 「宝物」だけ残す

家がどんどん汚くなるのは、何でも「後回し」にするから。後で読もう、後で洗おう、後で片づけよう……と、未処理の物があちこちに。「後で」は今から封印し、その都度処理！　些細なことでもすぐに解決すると、気持ちもスッキリします！

3 「後で」は今から封印

レッスン2
絶対にリバウンドしない、さよさんの整理収納術

物や部屋の整理の前に、自分自身の気持ちの整理をしてみましょう

一般的に、片づけを始める前に「理想の未来をイメージする」とよくいいますが、何となく「きれいになったらいいな」という思いはあるけれど、具体的に表現するのは難しくないですか？　きれいにしたい気持ちはあっても、家が散らかっていると、思考も散らかりがちなので、「じゃあ、どんな風に？」と具体的に聞かれると、スラスラ出てこないのです。

漠然とした未来ではなく、もっと具体的に未来を想像するために、現状をしっかり把握しましょう。「そんなの分かっている」と思われるかもしれませんが、まずは左のページのスタートシートの当てはまる物にチェックを入れてみましょう。全てにチェックが入る人もいるかもしれませんが、心配しなくても大丈夫ですよ。

我が家は物が少ないと思われているかもしれませんが、食器とカトラリーは一般家庭より多い方。かなりの量がありますが、全て管理できていますし、収納スペースからはみ出ていません。そのかわり、興味のない衣類はすごく少なく、ストック品も持ちません。それが良い悪いではなく、まずは家の中にある物について知ること、気づくことからスタートしましょう！

スタートシート

あなたの家にはどんな物がありますか？

玄関なら玄関、トイレならトイレ、その場所に行き、目で見ながら当てはまる物に☑を入れてみて。

その後、ジャンルごとに、一番多い物に赤丸を入れましょう。

玄関

□パンプス　□サンダル　□ロングブーツ　□ショートブーツ　□ブーティー
□レインシューズ　□スニーカー　□紳士用革靴　□スリッパ　□傘　□折り畳み傘
□ビニール傘　□靴のお手入れグッズ

トイレ

□トイレットペーパー　□トイレマットのセット　□芳香剤　□トイレ掃除道具予備
□生理用品　□汚物用ビニール袋

洗面所

□歯ブラシ　□石鹸・ボディーソープ　□シャンプー・コンディショナー　□バスマット
□洗濯ばさみ　□ハンガー　□掃除スポンジ　□掃除ブラシ　□カミソリ（シェーバー）
□コンタクトレンズ　□コンタクトレンズ洗浄液　□歯間ブラシ　□ブラシ・くし
□ヘアドライヤー　□ヘアアイロン　□タオル　□バスタオル　□その他掃除道具

キッチン

□和食器　□洋食器　□カトラリー　□割り箸　□紙コップ　□使い捨て容器
□洗剤類（消耗品）　□箸置き（カトラリーレスト）　□グラス　□酒器　□重箱
□お椀　□湯呑　□急須　□ポット　□フライパン　□鍋　土鍋　□保存容器
□調味料　□ストロー　□キッチン用ゴミ袋（ビニール袋）　□ジッパーバッグ
□コースター　□弁当箱　□トレー　□テーブルクロス　□ランチョンマット
□ふきん　□台ふきん　□ペーパーナプキン　□防災食　□お菓子　□酒類
□製菓道具　□製菓材料　□調理家電

リビング

□ゲーム機器　□ゲームソフト　□ CD　□ DVD　□ビデオ（録画した物）　□文具
□書類　□本・雑誌　□新聞

ファッション（衣類・小物）

□トップス　□スカート　□パンツ　□ワンピース　□キャミソール　□Tシャツ（長・短）
□ジャケット　□コート　□スーツ　□スポーツウェア　□ルームウェア　□パジャマ
□下着　□ストッキング、タイツ　□マフラー、ストール　□手袋　□ベルト　□帽子
□トートバッグ　□ハンドバッグ　□ショルダーバッグ　□カゴバッグ　□エコバッグ
□ボストンバッグ　□リュック　□スーツケース　□衣類お手入れ用品　□冠婚葬祭服

その他

□裁縫道具　□裁縫材料（布等）　□工具　□電球の予備　□薬　□紙袋　□電池
□ノベルティ　□手紙　□年賀状　□アルバム　□写真　□本　□コスメ

ゴールを思い描くために

「マイ・ヒアリングシート」を作りましょう

何が沢山あるか把握できましたね。では次にあなたの理想の暮らしを考えるための質問をします。

やり遂げるには、ただ漠然と片づけるのではなく、ゴールを思い描いてからスタートすることが大切です。

1 あなたにとって沢山物があるメリットを書き出してみましょう

例えば　安心する　買い物に行かなくて済む

2 あなたにとって沢山物があるデメリットを書き出してみましょう

例えば　どこに何があるか分からない　探し物が多い

3 休日はどんな風に過ごしたいですか？現状ではなく、どうしたいですか？

例えば　家でゆっくりしたい　ペットと遊びたい　外に出たい　ショッピングを楽しみたい　来客をもてなしたい

4 買い物の頻度は？

□近所のスーパー　週に（　　）回
スーパーまでの距離　徒歩（　　）分
自転車で（　　）分　車で（　　）分
電車・バスで（　　）分
□インターネットショッピング　月に（　　）回
□個配　週に（　　）回
※物が家に入る回数を減らすことを意識してみてください

5 不用品を手放し、快適な家になった時のインテリアのテイストは何にする？

例えば　アンティーク　クラシック　北欧スタイル　ラグジュアリー　和モダン　ナチュラル

最後に片づいた家でどんな風に過ごしますか？

実例を参考に、整理収納をはじめましょう！

01

靴箱

Aさん

家族構成：夫（50代）・妻（40代）・子ども2人（小学生）

Question
お悩み

❶ どこに何があるか分かりません

❷ 靴箱に靴が入りきりません

❸ 草履《ぞうり》の収納方法はどうすればいい？

❹ 傘や小物の収納に困っています

持っている靴を全て靴箱に入れています。収納しきれないので、三和土《たたき》にも靴が溢れています。とりあえず隙間を見つけて靴を入れていますが、重ねたり突っ込んだりしているので、靴が傷みそうです。

沢山ありすぎて、どんな靴を持っているのか全て把握できていません。靴だけでなく、靴のお手入れグッズや傘、虫よけスプレーも玄関で使うので、一緒に収納しています。傘も沢山あり、来客用傘立てに家族の傘を掛けているため、来客時に使用できません。

全ての靴が、どこに何があるか分かるように、また、取り出しやすくしたいです。

Answer
解決法

❶全て出して把握しましょう

❷入る量だけに厳選しましょう

❸靴は人別、季節別にまとめましょう

❹小物は種類ごとにまとめましょう

持っている靴を把握できないのは、量が多いのはもちろん、隙間を見つけて靴を突っ込んでいるから。全てを目視できず、不要な靴を見つけることもできません。

収納方法の問題以前に、同じような靴がないか、もう履けない靴、履かない靴が混じっていないか、面倒でも一度全て出して、把握することが大事です。全ての靴が把握できれば、今後、似たような靴を買ってしまう悪循環も防げます。

また、靴や傘だけでなく、靴のお手入れグッズや虫よけスプレー、縄跳び、ビーチサンダル等、多種多用な物が混在しているので、これらも全て出して何があるのか確認しましょう。

整理
靴箱

靴は人別、用途別に収納する

隙間なく詰め込まれた靴箱。何となく人別にまとまって収納していますが、ブーツとスニーカーが同じ棚にあったり、季節外のサンダルがベストポジションにあったり……。〝とりあえず感〟満載で、非常に残念な収納になっています。

靴の収納のポイントは、①人別にまとめ、靴の高さを合わせて収める、②履く人の身長に合わせた高さに収める、③季節や使用頻度によって置く位置を変える、この3つです。

①各人の靴があちこちに点在しているため、探すのに手間がかかり、時間がもったいない！　サイズが違っても、似ている色が多数あり紛らわしいので、人別にまとめて収めるのは

必須。そして、ヒールの高さと用途でまとめると、無駄なスペース、動きがなく、収納量も増えます。

②各人の身長に合った高さに収めること。ご主人様の仕事用の革靴は、ご主人様の身長に合わせた高さに収納し、休日しか履かない靴は下段または上段に収めました（上の写真右端の列）。お子様の靴も、身長に合わせた高さに収め、奥様の靴は使用頻度を伺いながら靴の種類、ヒールの高さを合わせて収納（撮影は冬）。

③家族全員のビーチサンダルは使用頻度が低いため、蓋《ふた》つきのボックス（ニトリ・Nインボックス。注・蓋は別売り）に収め、最上段に移動。使う時だけボックスを降ろします。

整理
靴箱

NG Point

① はみ出しまくりの靴

三和土に靴ゼロが理想ですが、置くとしても玄関先で履く靴のみにするのが理想。

② 靴を無理やり入れている

とりあえず突っ込んで、収納できていますが、靴が型崩れしそうでかわいそう。

③ 靴以外の物もいっぱい

靴のお手入れグッズや縄跳び等、靴以外の物も沢山突っ込まれている。

④ 傘が溢れている

来客用の傘立てに家族の傘が沢山掛かっていて機能していない。

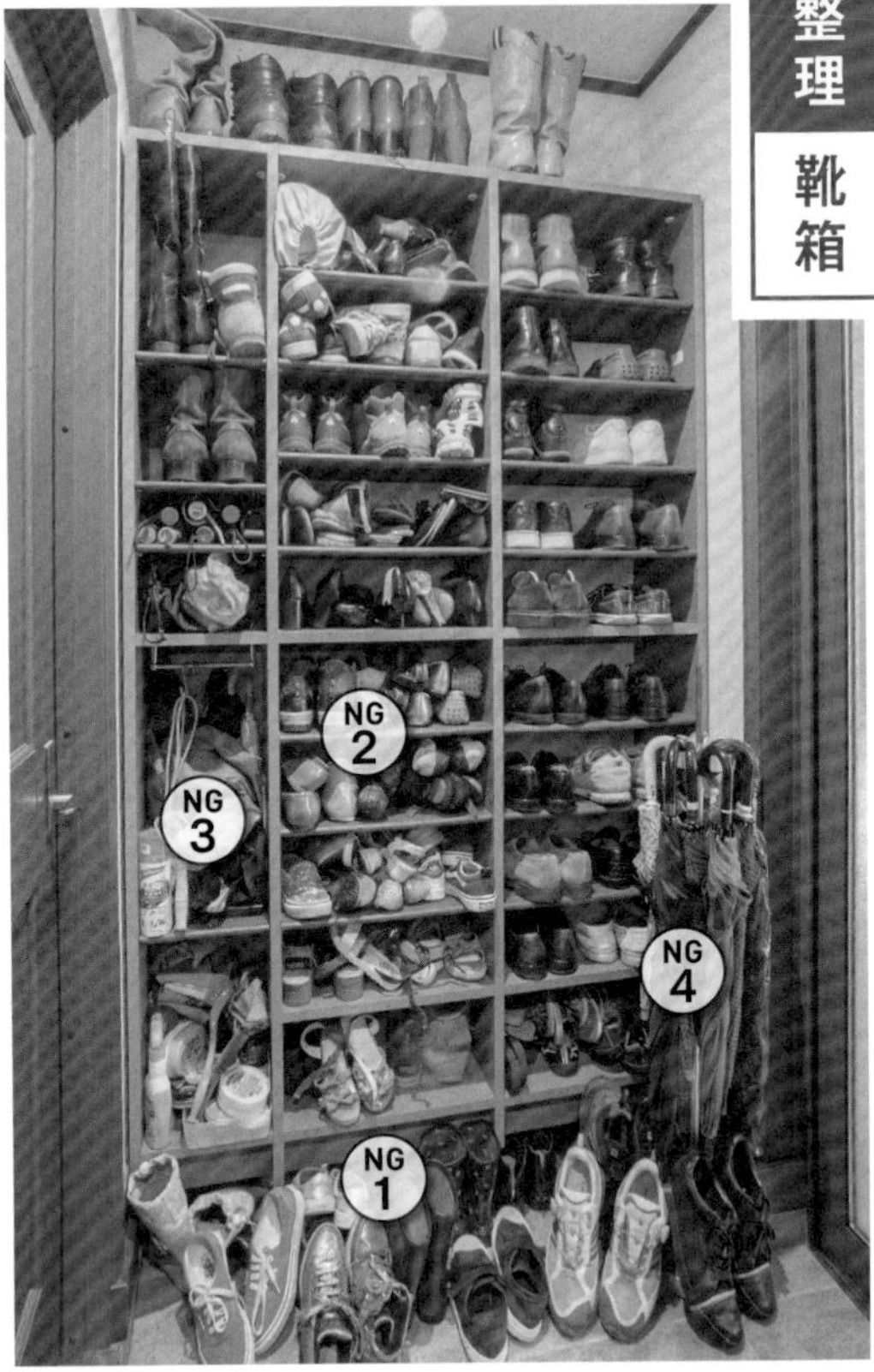

履物全てが収納された靴箱

根本的な敗因は、収納スペースと靴の量が合っていないこと。本来、靴箱は一番簡単に整えられる場所ですが、「とりあえず突っ込んでいる」残念な状態。

原因を探るべく全て出してみると、履けなくなった靴や季節外の靴、使用頻度の低い登山靴、草履など、「履物」全てが入っていました。1ヵ所に収納したい気持ちは分かりますが、容量を無視した収め方はNG！　季節や使用頻度を考えて収めなくては、普段履く靴が使いやすく収まりません。また、虫よけスプレーや靴のお手入れグッズも沢山あり、靴以外の物がスペースを取っていたのも敗因の一つ。劣化して使えない物や、何年も使っていない物は処分し、収納スペースを確保しました。

仕分けPoint

靴箱から靴を全部出す

靴箱内から全て出し、種類ごと、同系色や、用途でまとめ、全体を把握する所からスタート。可視化することで、同じような物が沢山あることに気づき、要・不要の判断がつけやすくなるだけでなく、整理のスピードが促進されます。

もう履けない靴

靴は服と同じで「流行がある消耗品」なので、見極め時が難しいかもしれませんが、サイズアウトした靴、足に合わない靴、傷んでいる靴、流行が終わった靴は潔く処分しましょう。年齢と共に、ヒールを履く機会がない、ヒールを履くのが辛いと感じるなら、きれいでも「靴の寿命が来た」と決意するのも大事です。箱が残っている比較的きれいな靴は〝履いていない〟証拠。理由は様々ですが、今後も履かないはずなので、なるべく早くリサイクルしましょう。

リサイクル

捨てる

実は使えない傘

傘を精査すると、子どもが幼い頃使っていた幼児用の小さな傘、壊れている傘、気に入らないけれど何となく置いていた傘がありました。毎日使わないからこそ、昔のまま放置、手つかず、気がつかず……はよくあること。傘は年に一度は見直して。

出し入れしやすい間隔できれいをキープ

整理後は、人ごと、使用頻度ごとにまとめて収納。その際、**履く人の身長に合わせて収める高さを決めるのが重要なポイント**。「使いやすい＝仕舞いやすい」なので、ギュウギュウ詰めにせず、出し入れしやすい間隔を設ければ見た目がきれいなだけでなく、「きれいをキープする」意識も生まれ、リバウンドしません。

ちなみに、今回は学校で使うビーチサンダルはジッパー付きの袋に入れ、水着と一緒に子ども部屋で保管することに。**「どこで、誰が使うのか？」**を考慮して玄関以外の場所に収納することも。また、つま先がその靴の顔なので、全てつま先を前に向けて収納しました。取り出しやすさを優先するなら踵《かかと》を前にしましょう。

収納Point

Ⓐ 靴箱のゴールデンゾーン
履く頻度の多い黒のパンプスは奥様の身長に合わせ取り出しやすい高さに。

Ⓑ 復活! 来客用の傘立て
家族が使っていた来客用の傘立て。傘スペースを設けたことで、本来の用途に戻りました。

Ⓒ 収納スペースができた!
靴の高さを揃え、棚板の高さを変更したので上部に空きスペースが出現。棚板を増やし収納量UP。

Ⓓ 傘は掛けて収納する
備え付けのバーの高さが合わないので使えず、つっぱり棒で対応。

湿気対策はメッシュの靴収納ケースで
草履のカビ対策は、通気性の良いメッシュのケース(IKEA SKUBB/スクッブ)に入れること。靴用ケースは高さがあるので、ダイソーのジョイントできる収納ケース(2個入り)をコの字に組み立てて2段にし、雨カバーと一緒に収納しました。購入時の箱に収めるより、省スペースで収納できます。

靴箱は靴以外の物も置きたくなる場所
靴の収納は、①人別にまとめ、②使う人の高さに収め、③季節や使用頻度で入れ替える。この3つができれば大成功! 使いやすくなりますよ。「少しスペースがあるから」といって、隙間に靴の向きを変えて入れたり、お手入れグッズを置くのはNG。一つ崩れると、他も崩れまくるのでやめましょう。

02 キッチン

Bさん

家族構成：夫（50代）・妻（40代）・子ども2人（小学生）

Question お悩み

❶キッチンの収納が使いづらい

❷引っ越してほとんどそのままの状態

❸引き出しの中を整理したい

❹何がどこにあるか分からない

❺シンプルにすっきり暮らしたい

　数年前に引っ越しをして以来、本格的な整理収納を一度もしていません。来客が多いため、来客用の食器がたくさん必要ですし、そのために収納をたっぷり確保しているのですが、とにかくざっくり分けて収納しているため、どこに何があるかをなんとなくしか把握できていません。何かを取り出すために、手前の物をどかさなければいけないなど、ストレスを感じています。

　この機会に、要る物と要らない物をきちんと分けて、ギュウギュウに詰まっている現状を解消したいと思っています。自分なりに使い勝手を考えて収納をしてはいますが、さよ先生にそれが正しいかどうかを見ていただきたいです。

Answer
解決法

❶全て出して把握しましょう

❷必要な物だけに厳選しましょう

❸使う頻度、種類、目的別にまとめましょう

❹家族の成長に合わせて物を選びましょう

❺物が出ていない、すっきりした収納に

とにかく物が多いようなので、全てを出して全容を把握します。出す時には、同じ種類、使用目的ごとにグルーピングして出します。Bさんは、大まかに分けて収納されていますが、あちこちに同種の物が点在しているため、その存在に気づかず新しい物を購入してしまっているようです。収納場所ごと（引き出し、棚など）に出すのではなく、食器ならば皿、茶碗、小鉢、ガラス食器など、グループ分けをしてください。そうすることで、要・不要の判断がしやすくなります。バラバラで購入した収納グッズや、備え付けの仕切りを使用しているのも、まとまらなくなっている要因です。この機会に収納グッズも見直しましょう。

キッチン

使いづらい三重苦の収納

一見、物が収まっているように見えるカップボード周辺。しかし、扉や引き出しを開けてみると①何処に何があるか分からない、②取り出しにくい、③動線が悪い、の三重苦な収納。

引き出しの中が、すし詰め状態！使いたい物を取り出すためには、他の物を移動するか一度出してからでないと取り出せません。まずは中の物を全部出し、要・不要を精査します。

物を減らして快適な収納に

重なり合って取り出しにくかった物がサッと取り出せるように。収納ボックスを活用して、見た目にもすっきりさせました。

物を減らすことができたら、グルーピングをして、使う場所にワンアクションで取り出せるように、物を収めます。思い切って実行すると、その快適さからリバウンドしません。

キッチンの整理・収納成功の手順

START

1

勇気を出して全て出す

アイテムごとに出して、減らしましょう

キッチンには、食品、調味料、食器、調理器具、洗剤、袋等の消耗品、沢山のアイテムがあります。まずは、①アイテムごとに出す、②似た物を集める、③その中から重複する物や不要な物を減らし、④使う場所に納める、と使いやすく時短家事も兼ねたキッチンに。減らさずして収納あらず。

2

食品・調味料からスタート

期限が明確な食品は一番整理がしやすい

賞味期限が過ぎている食品は潔く処分を！　食材だけでなく、コーヒーやお酒、お菓子、調味料も含め、口に入る物は全て確認してください。瓶物は賞味期限が長いように思いますが、ジャムやスパイスは意外と賞味期限が短いので要注意。製菓食材も忘れられがちなので必ずチェック。

3

消耗品、洗剤の整理

スペース以上の量を持たない

気がつけば増えているレジ袋や保存容器。収納スペースを決め、その中に入る量だけにすることが鉄則。借りている保存容器は早急に返却。蓋が閉まりにくい物、変色している物は処分。ラップやビニール袋は特売に出会っても在庫があるなら購入しないと決意してください。

4 調理器具の整理

よく使っている物から出して並べる

フライパン、鍋、菜箸にお玉、スライサー等、様々なアイテムがあります。缶切りやワインオープナー、重複している物はありませんか？　1つあれば十分です。重い物、使い勝手が悪い物は使用頻度が低いはず。今後も使わないなら整理の対象です。

5 食器、カトラリーの整理

ライフスタイルに合わせて整理する

「今」使っている物だけを残すことがポイント。昔使っていたけれど今は気に入らない物、1枚しかなく使いづらい物、ひび、欠けがある物は迷わず処分。家族が成長するとライフスタイルも変わり、使う食器も変わってきます。昔の食器を抱え込む必要はありません。カトラリーも同じ。

GOAL

6 使いやすい場所に収める

水・火・高さを考慮して収納を

やかんや計量カップはシンク下、フライパンやお玉はガス台（IH）下、重い土鍋やホットプレートは下の方に収め、かき氷器やお重など季節物、頻度が低い物は高い場所に収めます。お茶碗や毎日使う食器は中段に。「とりあえず空いている場所に収める」のは収納ではありません。

詰め込み過ぎてシワシワに。布ものは新陳代謝が必要

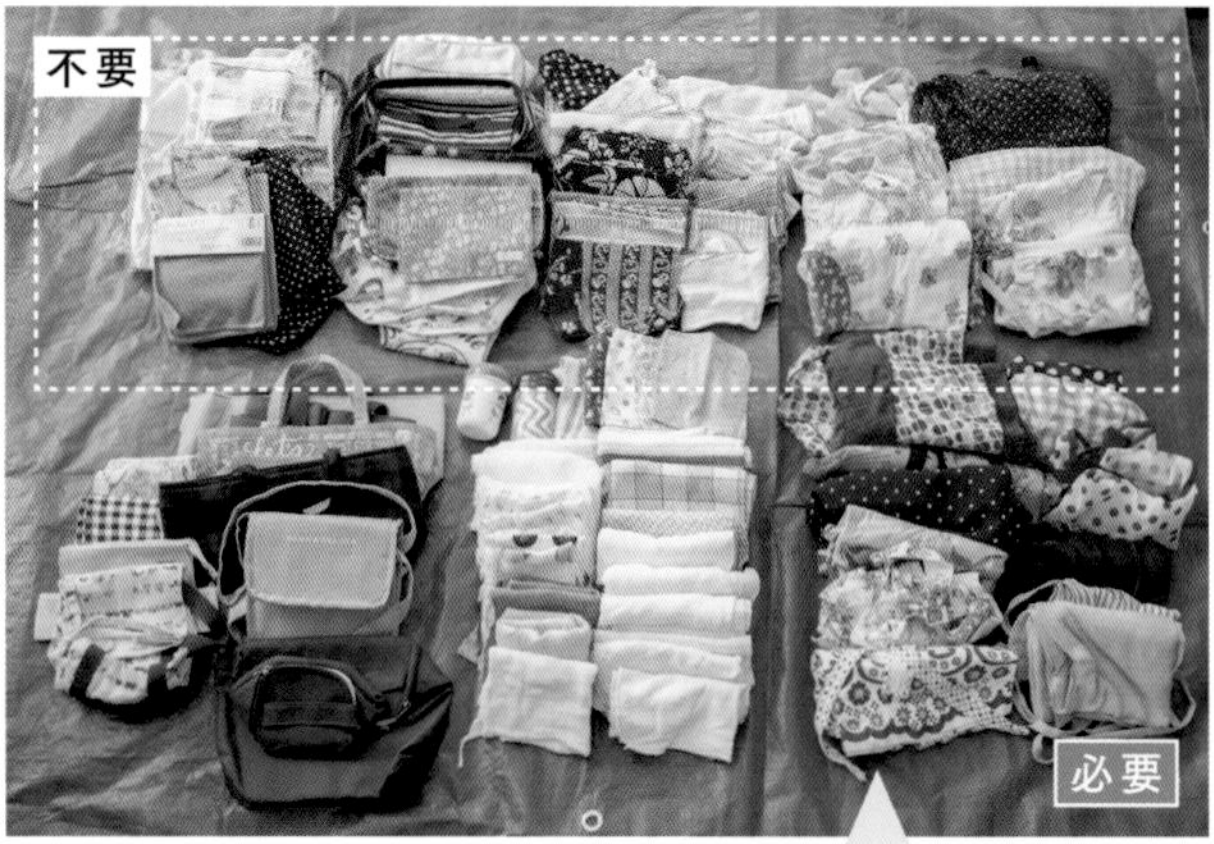

キッチンで使用する「全ての布」が入っている引き出し。出してみると、エプロン、子ども用エプロン、ふきん、お手ふき、お弁当袋と5種類入っていて、使っていない昔のお弁当袋や、新品のふきんも混在。分類することで要不要の判断が容易になりました。

NG!

「布好き」で、大好きがギッシリ詰まっている引き出しですが、詰まり過ぎで機能していない状態。タグ付き新品から古い物まで全てここに揃っています。

ストックがないと心配……。ただし買い過ぎに注意

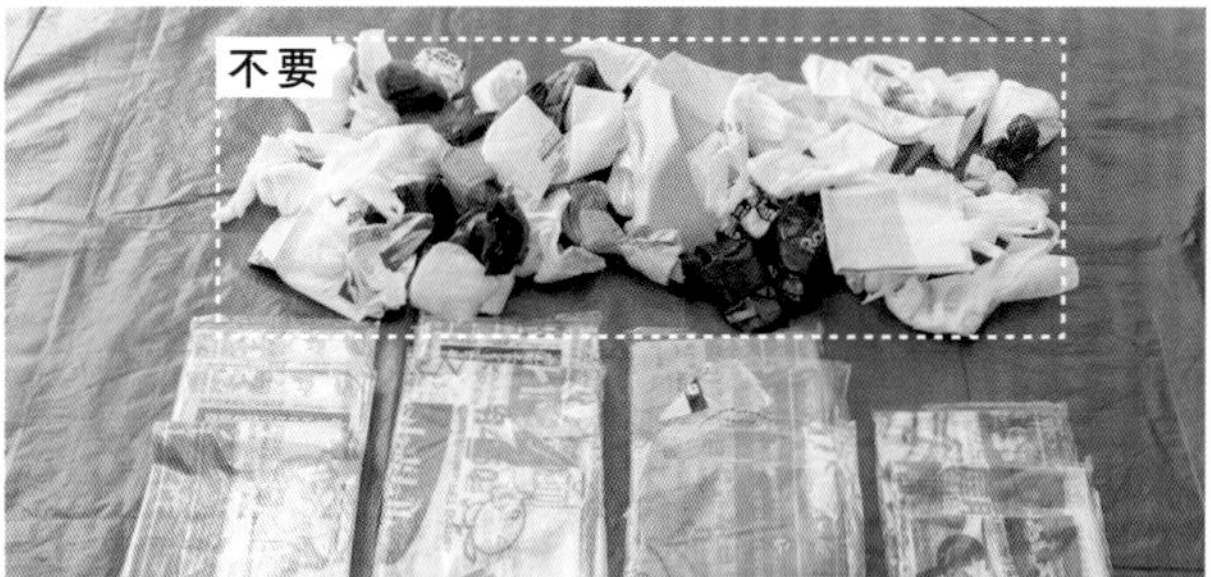

「いつか捨てればいい」と思っていても、それができないのは「もったいない」から。「もったいない」が優先で、増え続け、散らかることに！「もったいない」と思う気持ちを捨てることが重要。

NG!

ついついレジ袋が増えてしまうのは、無料だから。「ゴミ出しに使う」「何かに使う」と理由をつけて溜め込んでしまい、管理量を超えても手放せません。

油断すると たまる保存容器 ラップなどは 銘柄の統一を

NG!

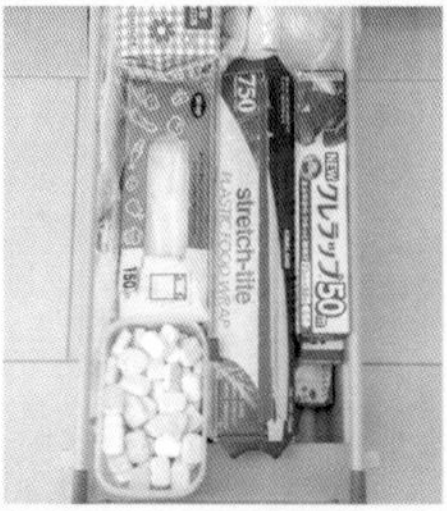

袋物やラップ類、何となくグルーピングはできているが、使用頻度が異なるのに同じ場所に収納。使用時、腰をかがめて取り出す所にあり、身体的負担も。

深くて広い引き出しは、沢山入るのでポイポイ放り込んでしまいがち。容器を用いて整えようとしているが、種類が違うのですっきりしない。

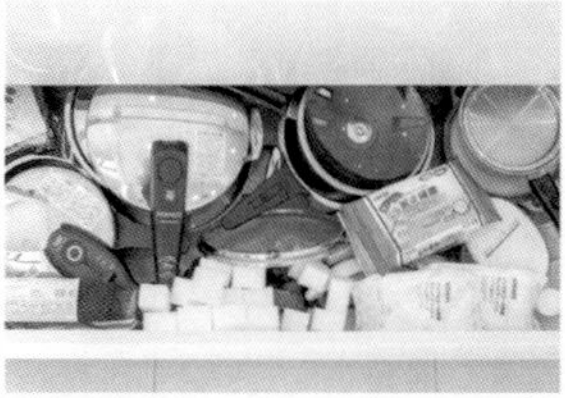

同じ用途のサイズ違いの鍋が複数ある他、消耗品は使用中の物とストックがミックスされている。今と未来が混ざっているので、物が多く取り出しにくい。

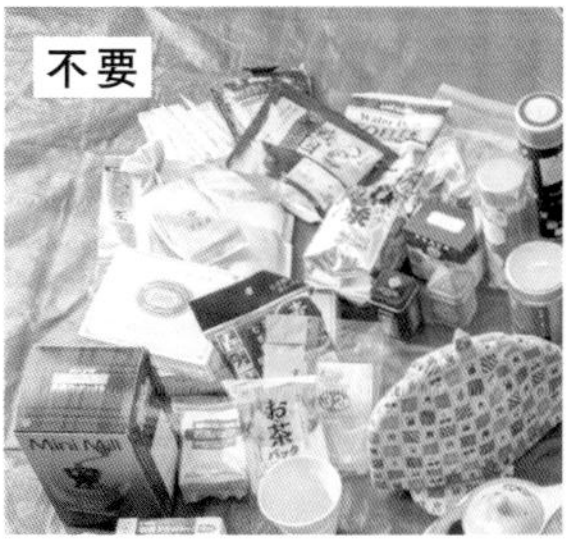

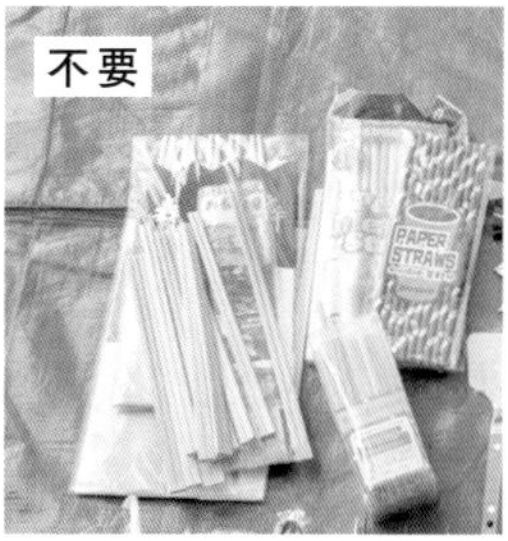

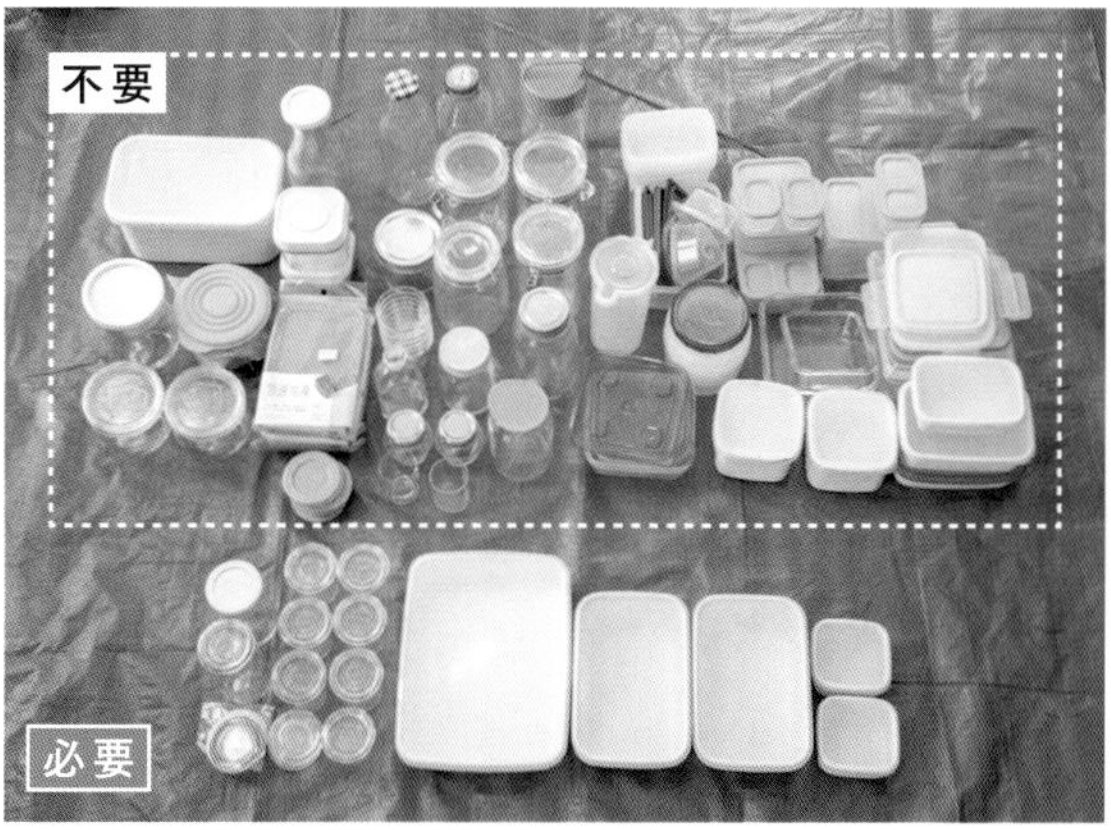

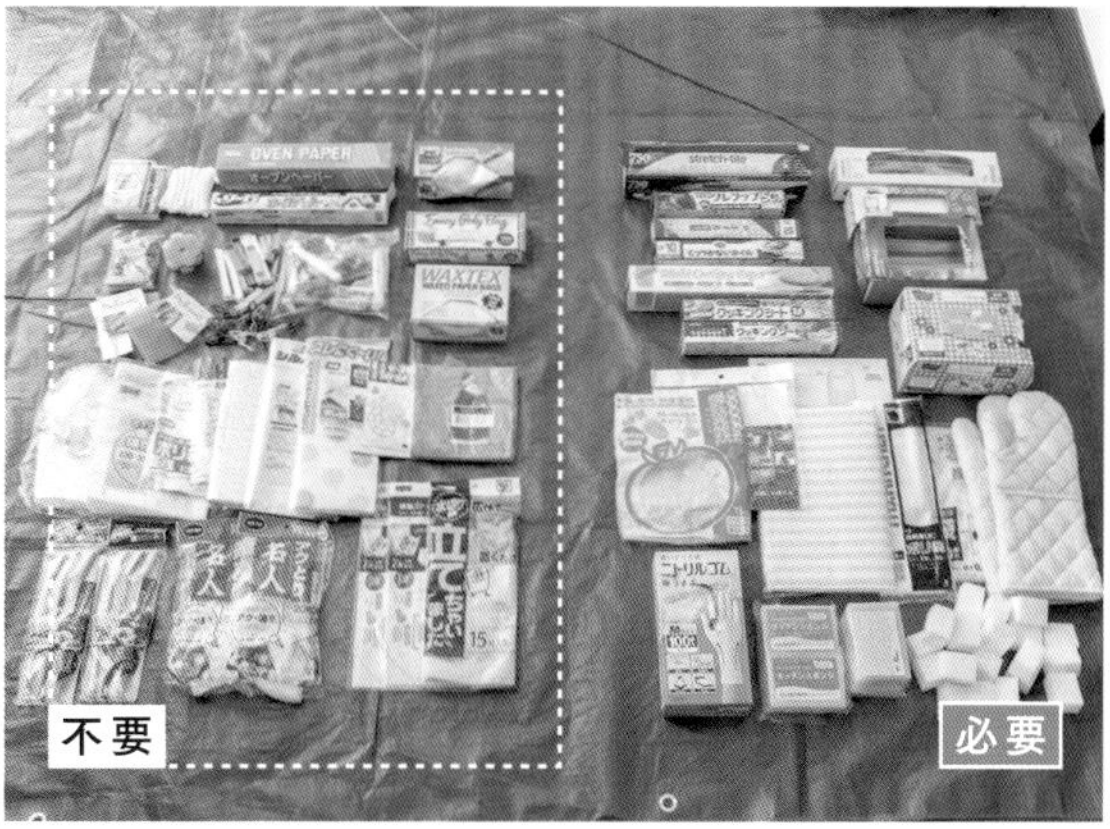

毎日使うラップや保存容器は、自分にとってベストな物だけ揃えること。お試しや特売で他の物に浮気しても、それが自分に合わなければ、結局使わず物が増えるだけ。それではお金とスペースの無駄遣い！　特に消耗品は間に合わせで買わず、自分の定番商品だけ買うようにしましょう。

消費期限があるのは食品だけではありません。台ふきん、スポンジ、保存容器にも消費期限があります

ボロボロの台ふきんは雑菌の宝庫。クタクタのスポンジは汚れが落としにくくありませんか？　蓋の閉まりにくい保存容器は寿命が終わっています。底も変色したりしていませんか？　**傷んでいる物は潔く処分しましょう**。これら消耗品はもちろん、ラップやアルミホイル、洗剤のストック品は一ヵ所に集め、在庫管理をしっかりと。あちこちに点在していると、在庫数が把握できず、更に増えてしまいます。コンビニで貰った割り箸やスプーン、フォーク、ストローが沢山あるなら、今日から毎食、使いましょう。来客時、あると便利なのは、割り箸のみ最大10膳。10膳だけ残し、毎食使って捨てると洗い物も減りますね。

物が多い家の傾向として、「安かったからついつい買ってしまい増えちゃった」現象があります。それは**お得感を買っているだけ**で、帰宅後、沢山ある同じ物と対面し、「こんなにあったの!?」と驚くことに。在庫管理ができていない証拠です。**在庫管理ができない人こそ、「1ストック1ユーズ」を徹底しましょう**。1ストック1ユーズとは、1つ使っている物とは別に、同じ物を1つストックすること。1つ以上はストックしません（いただき物は別）。使い切ったら、今あるストックを使い、それがなくなるまでの間に、1つストックを買う。**ストックは1**

NGあるある

アイスクリーム専用の使い捨てスプーンや、ビニタイ（ワイヤー入りビニールひも）をため込むのはNG。いつまで経っても使わないまま、古くなるだけ。

製品につき、1つだけ持つ。無駄遣いがない、管理が楽、収納スペースも少なくて済みます。

キッチンの消耗品　整理ルール

・チェンジする期間を決める（スポンジは1ヵ月に1度、保存容器は年に一度買い替えるなど）

・定番品を決める（これさえ決めておくと、行き当たりばったりで購入しない→むやみに物が増えない）

今すぐ処分すべき物

ボロボロの台ふきん、クタクタのスポンジ、傷んだ保存容器、ケーキについていたろうそく、ボロボロのスーパーの袋や汚れたビニール袋、伸びきった輪ゴム

使い切ってストックしない物

コンビニ等で貰った割り箸やスプーン&フォーク（必要数を決め、それ以外は毎食使う）、使い捨ておしぼり（IHやガスコンロ周りの掃除に使う）、沢山ある洗剤（いつも使っている物以外は今後購入しない）

1ストック1ユーズする物

洗剤、ラップ、アルミホイル、クッキングシート、ビニール袋、ゴミ袋、水切りネット。（キッチン以外では、歯磨き粉、歯ブラシ、洗濯洗剤、シャンプー、リンス、石鹸、ボディーソープ等の消耗品）

広い引き出しは区画整理が必須

引き出しが広いと、グルーピングしても他のグループの物と混ざってしまうので、ボックスを入れて区画整理します。1ボックスに1種類入れ、それを超える量を持たなければ、収納が崩れません。

見えない所こそ管理が重要

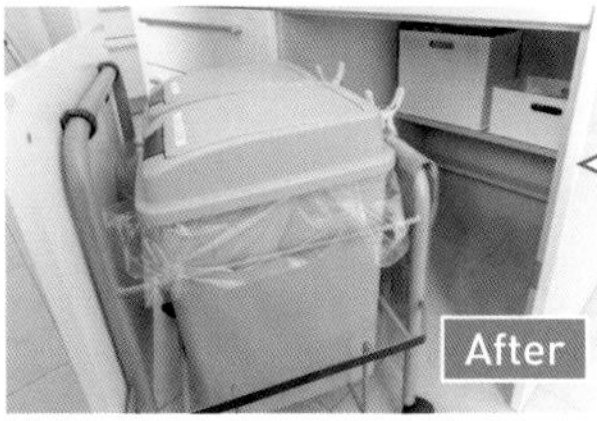

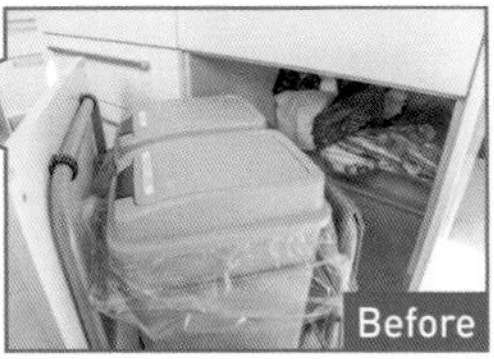

ゴミ箱スペースの奥は、在庫管理しやすい収納にするのが大事。ストックが取り出しやすいように、ボックスの中にふきん掛け（ダイソー）を入れ、指定ゴミ袋を掛けました。すぐ使う物は枠に引っ掛け洗濯ばさみでずれ落ち防止。

Point

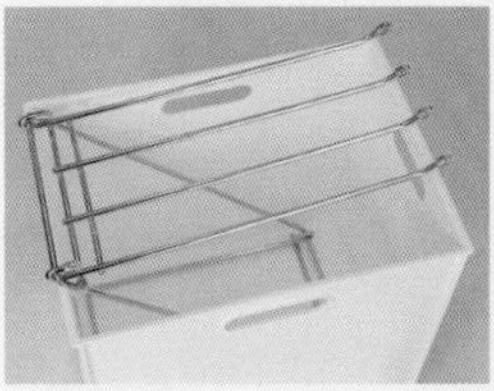

レジ袋は白いボックスに入る量しか入れない。溢れる前に処分します。（ボックス・ニトリNインボックス／ふきん立て300円（税抜き）・ダイソー）

使用頻度別収納重視で場所移動

毎日使うラップ類や食洗機洗剤が一番下にあると、しゃがんで取り出さないといけないため、非常に不便で身体的負担もあり、場所を移動。

深い引き出しは物を立てると取り出しやすい

食材が入っていたコンロの真後ろの深い引き出しには、フライパン、ラップを立てて収納（コンロ下はオーブンのため、収納できない）。引き出しを開けるだけですぐに使える、動線重視の収納に。

動線重視の食材収納

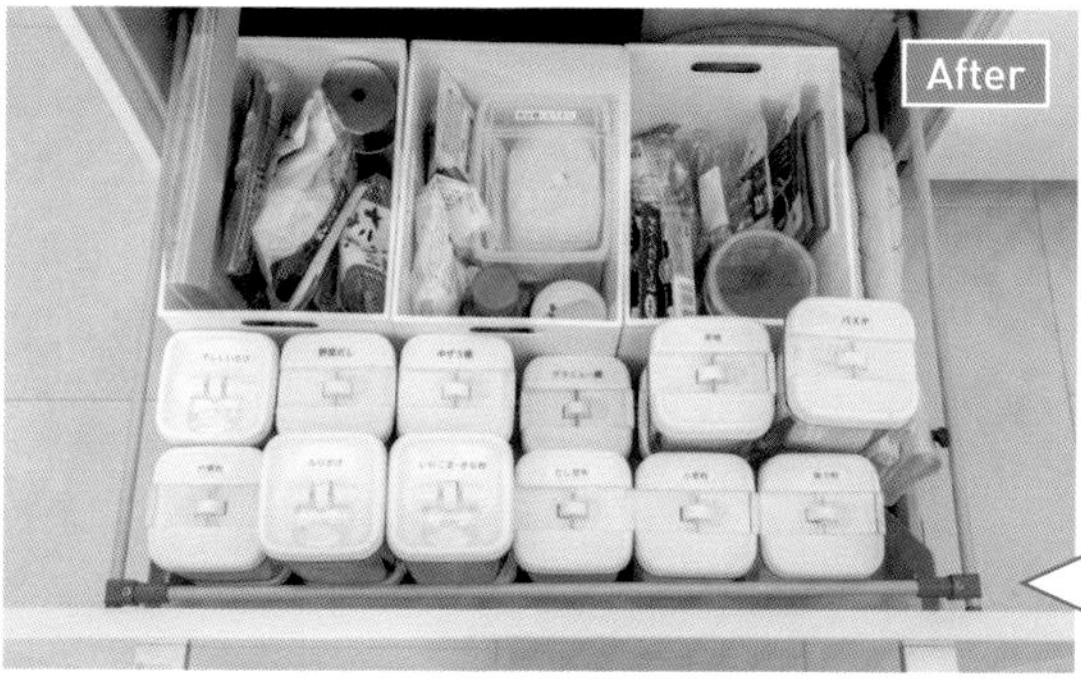

冷蔵庫に一番近い場所にある深い引き出しに、食材をまとめて収納。関連ある物の近くに収納することで、買い物後の食品収納が楽になります。

しっくりくるまでやってみる

ラップやゴミ袋は使用頻度が高いので、できればベストポジションに収めたい一軍品。**定位置を決める基準は、①使う場所に収める、②使いやすい高さに収める、③取り出しやすく収めること。**この3つが揃えば、調理中にサッと取り出せるのはもちろん、仕舞いやすい収納になります。これらを念頭に置き、自分にとってベストポジションが決まるまで何度も収納場所を変え、試してみてください。考えるより、行動してみて！　しっくりくる場所が見つかることもありますから。消耗品のストックは、まとめて別の場所に保管しても大丈夫ですが、沢山持たず、管理できる量だけにすること。ストック管理できれば、無駄買い防止にも繋がります。

自分にとって一番使いやすい物だけを選べば、むやみに物が増えず、収納もストレスフリーに

スーパーに並ぶ商品は日進月歩。常に新しい商品やセール品が店頭に並んでいます。雑誌、テレビ、Ｗｅｂで商品が紹介されると、心を動かされ、すぐに欲しくなる気持ちはよく分かります。でも、それはあなたにとって、一番合う、使いやすい商品だとは限りません。

私は以前、いつも使用しているメーカーとは違うラップが安かったので、お試しで購入したことがありました。使い始めてみたら、いつもと違う微妙な感じ（手の感触やカットの仕方）に慣れず……。それを使い切るまでイライラしました。ラップ以外では、新商品の食器洗い洗剤に飛びつき、手が荒れてしまったこともあります。

逆に、手に優しい洗剤を使った時は、環境に配慮されているのですが、洗浄力が悪く、普段以上に消費量が増えてしまい不経済でした。使いづらければ「捨てれば良い」と思われるかもしれませんが、それができないのが主婦の性《さが》。それ以降、消耗品は自分で決めた定番品しか購入しなくなり、ストレスフリーになっただけでなく、むやみに買わないので物が増えず、逆に出費も抑えられるようになりました。

どうしても新製品が使ってみたい時は、Ｗｅｂで口コミをチェックする、周

保存容器の購入ポイント

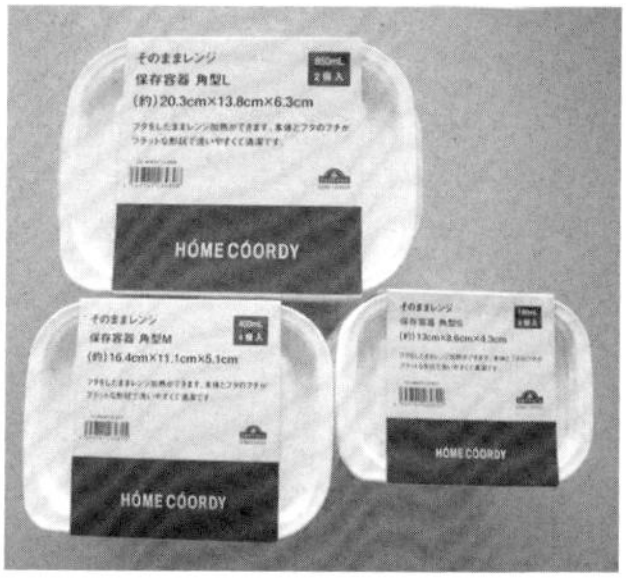

・重ねられる
・安価
・どこでも購入できる

我が家は『HOME COORDY そのままレンジ保存容器』を使用。
写真：角型 L2個入、M4個入、S5個入全て198円（税抜き）

りに聞いてみる、それでも欲しければ一番小さなサイズを購入して試すようになりました。

たかが消耗品……、と思われるかもしれませんが、消耗品の在庫が多いお宅ほど、「使ってみたけれど自分には合わなかった」「もったいないから捨てられない」、そういう物が沢山発掘されます。

「My定番」を決めることで、迷う時間、失敗の出費、使わない物を収める空間の無駄が防げます。ここで重要なのが、どこでも購入できるものにするということ。そうでないと、多めにストックするという意識が働いてしまうので。「たかが消耗品にそこまで……」と思わずに小さなこだわりを持つことで、使わない物は増えないし、生活が楽に、快適になります。

私がMy定番を決めている物（1ストック1ユーズ品）

洗剤類
スポンジ
ラップ
ジッパー付き袋
水切りネット
保存容器
シャンプー等の衛生用品
歯ブラシ&歯磨き粉

整理
キッチン 調理道具

あちらこちらに分散していた調理道具を集めて整理したらこんなに不要な物が……！

NG!

アイランド（作業台）は、軽い食事をしたり、盛り付けなどの作業をしたりするスペースなので、不要な物は置かず広く使いたい。

コンロ周りにふきんやミトンが沢山あり、見た目がごちゃごちゃしているだけでなく、引火の危険も感じる。

全て出してみると、同じ用途の物が複数あることが分かります。まな板４枚、素材の違うヘラやおたま、しゃもじに計量スプーンも沢山。使っている物と使っていない物、使いづらい物が混在していたので、使いやすい物だけ選んで残し、不要な物を手放しました。

NG!

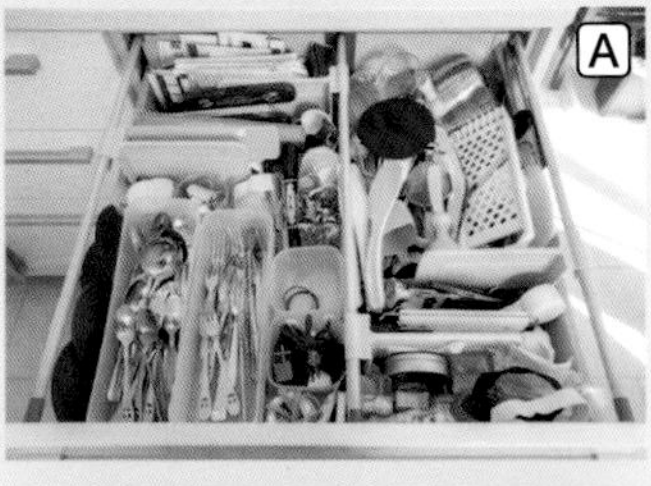

Ⓐカトラリー、キッチンツール、キッチン雑貨付属の小さな説明書等、多種多様な物が入っていて、どこに何があるか分からない。

Ⓑ広い引き出しの中が仕切られていないので、隙間に物が突っ込まれている状態。使いたい物は、その隣にある物を移動させてからでないと、取り出せない。

気づくとあれこれたまっていた製菓道具

子どもが作りたがるので、ついつい増えてしまう製菓道具。今は100円ショップでも、手軽にかわいい型や、ラッピング用品が買えてしまうので、いつの間にかアイテムが増えしまっていた……状態。

形が不揃いな製菓道具は収納が難しいアイテム。頻繁に使うわけではないので、適当に置かれたままになりやすく、使う時は取り出しにくくストレスに。

忘れ去られていた新品の鍋

購入したまま使っていないお鍋が沢山ありました。使わずにいた理由は、取り出せない奥に収納されていたから。収納は「使うために収める」のが鉄則。買ってみたけれど使いにくくて今後も使わない物は潔く手放すことに。

シンク下にフライパンや計量カップ、ボウルや沢山のツールが収納されており、家事動線に全く合っていない収納。

圧力鍋が大小2つも引き出しに。大は小を兼ねないどころか、邪魔になるだけ。使いにくい大きい圧力鍋を手放しました。

キッチンの整理で一番難しいのが調理道具と食器

キッチンの整理で一番難しいのは、フライパンや鍋等の調理道具と食器です。調理道具や食器は、「嫁入りの時揃えた」「高かった」「壊れていない」等、色んな思いが入り混じるので、使いづらいと感じていても、そのままにしている人が多いのではないでしょうか。

私も、フッ素樹脂加工のフライパンは「消耗品」と割り切って買い替えるのですが、鋳物《いもの》鍋は「気に入っているから」「高かったから」という理由で、めったに使うことがないのに、長年、キッチンに陣取ったままにしていました。使用頻度が低い理由は「重いから」。空のお鍋だけでも重いのに、そこに食材や水を入れると、かなりの重量。出し入れする時の身体的負担と、洗うことが苦痛で……、私も思い切って手放しました。すると、スペースが空いて、他のお鍋が取り出しやすくなり、すごく快適に！　何故、こんなに固執していたのか……と思うと笑ってしまいますが、実際、**手放してみないと、快適さを実感できない**のですよね。他にも、「壊れていなくても、壊れかけている物」はこの際見極めましょう。

・フッ素樹脂加工が剝げているフライパン、焦げ付きやすいフライパン
・取っ手がグラグラしたり、外れかけたりしている物
・好みじゃない、いただき物や景品の食器、調理道具

よくある失敗便利調理グッズ

○○専用カッター

↓

結論　専用カッターより包丁で切った方が早い

例）・ガーリッククラッシャー
・アボカドカッター
・リンゴカッター
・リンゴ皮剝き器等

○○が電子レンジで作れる

↓

結論　用具の手入れが大変

例）・卵焼きが作れる容器
・ご飯が炊ける容器
・パスタが茹でられる容器
・蒸し物が作れる容器
・焼き芋が作れる容器

便利調理グッズは「不便」グッズ

使っていない便利調理グッズは、即処分を！「便利そう！」と思って買ったはずが、実は不便だったから使っていないのではないですか？

私自身、便利調理グッズで失敗したことがあります。1つは「キャベツ千切り用巨大ピーラー」。「キャベツの千切りが簡単にできる！」とデパートの実演販売を見て、即、購入。購入当初はマメにキャベツをスライスしましたが、しばらく使うと飽きました。ジャガイモや人参の皮を剝くには大きすぎるので使い勝手が悪く、処分。

もし、あなたが今後、便利調理グッズに飛びつきそうになったら、「あったら便利！」と思った後、「ないと不便かな？」と一度深呼吸して立ち止まりましょう。整理収納用語に、**「あったら便利はなくても平気」**という言葉があります。「ないと不便な物、困る物」だけキッチンに置くと、「手入れが面倒」「仕舞う空間が必要」「買うお金が無駄」の三重苦には侵されません。

沢山ある物は厳選を！

沢山ある菜箸、複数あるおたまやフライ返し等のレードル類、数個ある栓抜きや缶切りは消耗品ではないので、決断しない限り、ずっと存在し続けます。**同じ用途の物は1、2個あれば十分。それ以上持つ必要ありません。**沢山あると、選ぶ必要があるし、迷います。たとえ数秒ですが、それがロスタイムです。1つしかなければ、選ぶ、迷うこともありません。

サッと出したいざるやボウルは立てて収納

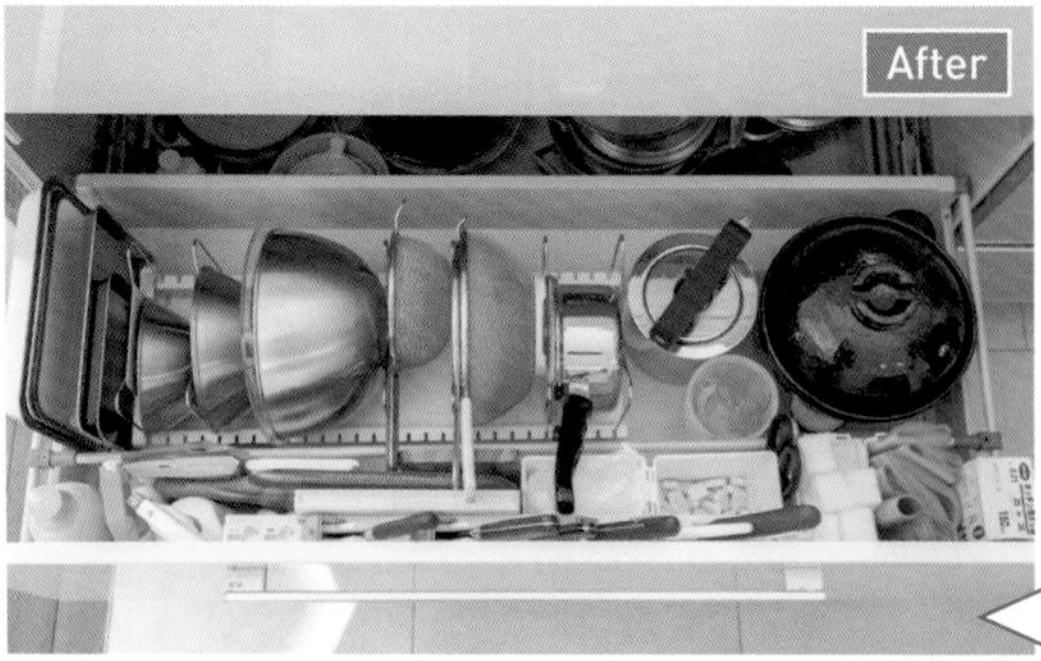

重なって取り出しづらかったボウルやざる、バット、自立しない鍋をスタンドに立てて収納。毎日使うご飯用土鍋、シンクで使う洗剤や袋類、排水口ネットも、引き出しを開けるだけで取り出せるように。

鍋は出し入れしやすく。重ねるのも最小限に

重い鋳物鍋や高さのある鍋、使用頻度の低い鍋はシンク下の最下段に収納。鍋と一緒に使用する鍋敷きも一緒に収め、時短に。「使う物」「使っている物」だけにしたことで空間に余裕ができました。

取り出しやすいように手前にフライパンを。使用頻度の低い道具は奥に

フライパン、蓋をスタンドに立て、片手で取り出せるようにしました。使用頻度が多いラップやホイルを手前に立てて収め、一番奥は圧力鍋とせいろを。使用頻度を考えることで日々の時短に繋がります。

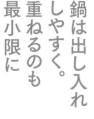

おたまや菜箸は調味料とともにまとめて収納

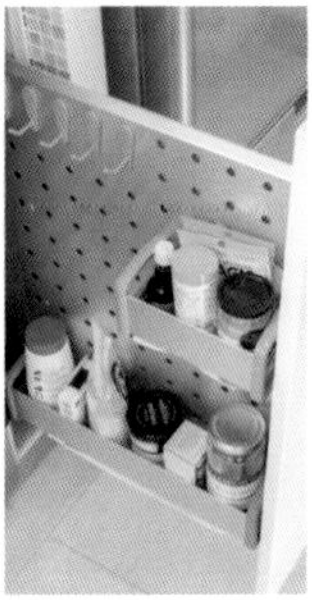

レードル類は寝かせて収納するより、立てた方が他の物に引っかからず取り出しやすい。キッチン付属の仕切りケースは外し、100円ショップのボックスやトレーを活用すると、収納量が増え使いやすくなります。

製菓道具はボックスを使ってまとめておく

奥行き60センチもあるカップボード。高い場所の奥は脚立に乗っても手が届きづらいので、ニトリのNインボックスを前後に2つ入れ引き出しのように取り出せる収納にしました。

Point

意外とかさばる製菓道具は型と消耗品に分けて収納しました。重ねると地層になってしまうので、全て立てて上から見て分かりやすい収納に。

自分に正直に！ストレスを感じたら一度出す

何だか使いにくい、重くて出し入れがしんどい、最近使っていない……と思っていても、思い切って手放せないのは、壊れていないから。買う時、高かったし、今は使わなくてもいつか使うかもしれない。そんな思いが少しでもあると、使っていないのに場所だけ取って、一番使いたい物を手軽に使うことができません。キッチンで少しでも使いづらいと感じた物は、その感情を見逃さず、一度その場所から出して、別の場所に移動してみてください。数日、別の場所に移動してみて、もし必要になり、使いたくなれば元に戻せばいいし、数日間なくても困らなければ潔く処分できます。日々の家事を楽にするために、自分の感情を見逃さないようにしましょう。

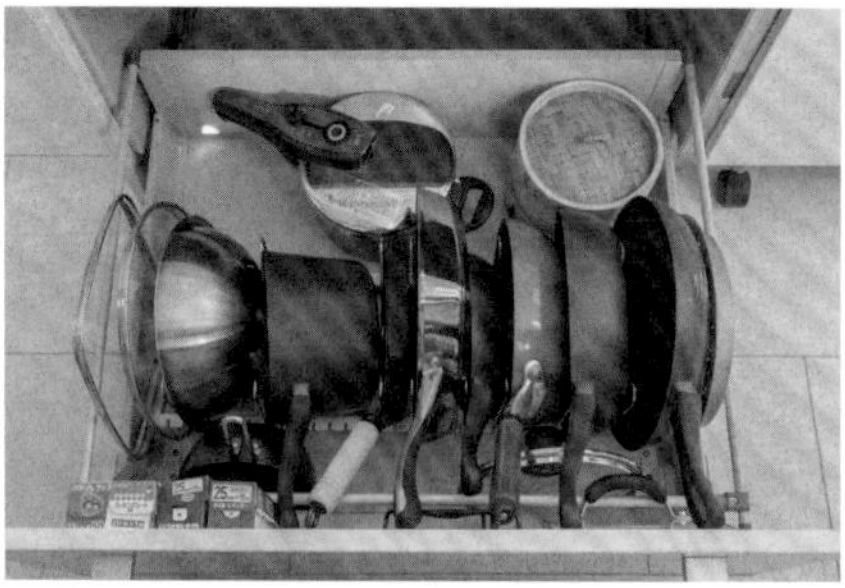

フライパンだけでなく蓋やボウル、バットも立てることができる（58ページ）。スタンドを利用することで、取り出す時の身体的負担を軽減。

おすすめ
収納グッズ
1

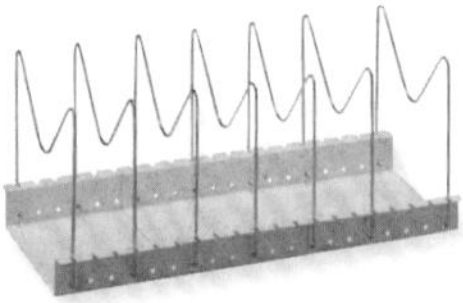

フライパン・鍋・
ふたスタンド伸縮タイプ（ベルカ）

「イラッとポイント」を見つけましょう

「あなたの理想のキッチンは？」と聞かれて、「効率よく調理ができて、掃除が簡単にできて、すっきりおしゃれなキッチンにしたい！」と、スラスラと希望が出てくる人はあまりいません。「毎日使っているけど、なんとなくすっきりしない」「使いづらいんだけど、何が悪いか分からない」と思う方が多いのではないでしょうか？　そもそも、「〝効率よく調理ができる〟ってどういうこと？」「〝すっきりおしゃれ〟って何？」。漠然としすぎて、現実味がありません。

「理想のキッチン」と捉えるのもいいですが、その真逆、**「不快なキッチンの箇所を探してみてください」**。調理中、どんな小さなことでもいいので、「不快」「面倒」「イラッとする」ことがあればスルーせず、立ち止まる。「フライパンを出す時、腰をかがめないといけないのがつらい」とか、「重なったボウルを取り出すのが面倒」とか、「使いたいお皿の上に、違う種類のお皿が載っていて取り出しづらい」など……。

私は家事をしていて、「面倒だな」「イラッとするな」と思った時、スルーせず立ち止まり、「どうしてイラッとするのか？」を考え、それを改善していき、今の快適な住まいを実現しました。

おすすめ
収納グッズ
2

製菓道具の種類をボックスに表示。出す時はもちろん、仕舞うための表示です。手書きより機械の文字が美しいので「戻す」意識が働きやすい。

ラベルライター
(キングジム ガーリーテプラ)

例えば……

・昔はボウルを重ねて収納していました。使いたいサイズをすぐに取り出せないことにイラッとしたので、数を減らし、立てる収納に変更しました。(大きすぎるボウルは別の場所に移動させて、1年間使わなかったので処分しました)

・引き出しに収納していた菜箸やヘラ。取り出す時、他の物に引っかかってイラッとするので、立てる収納に変更しました。その際、引き出しの深さよりも長いおたまは入らないので買い換えました。

・色んなメーカーの保存容器を持っていましたが、色、サイズ、形が不揃いで冷蔵庫内での収まりが悪い、収納もし辛い、使い辛い、の三重苦だったので全て処分し、買い換えました。同じメーカーの大・中・小サイズを揃えました。

キッチンは毎日何度も使う場所なので、「イラッとポイント」が改善できれば、快適なキッチンが実現できます！　キッチンでコツを覚えたら、家の中、全ての「イラッとポイント」を改善してみてください。たった一つでも改善できれば、快適な住まいに近づきますし、他の箇所への改善に拍車がかかります。

NG!

家族の人数の割にマグカップ、コップの数が多く、使っていない物も入っている。保存用の瓶もカップの分類になっている。

引き出しの中に収まってはいるけれど、お皿、茶碗、れんげと、用途が全く違う物が1つの引き出しに入っており使いづらそう。

奥に何が入っているか全く分からないカップボード。手前の物しか取り出せないので、収納量が豊富でも意味のない収納に。

入らない器は、立てて収められ危険な状態。種類の違うお皿が重ねられ、下の物を使う時は上の物を出さねばならず、面倒。

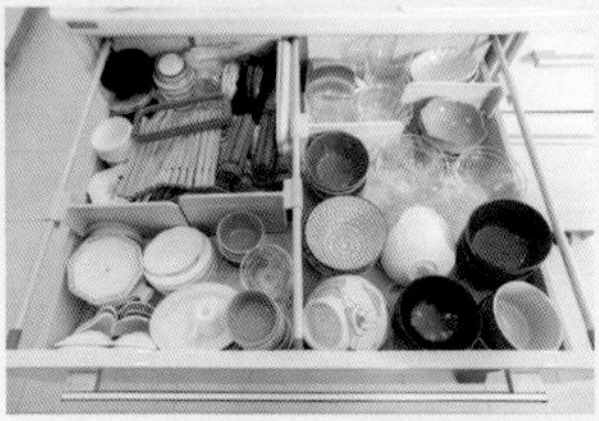

ガラス、陶器、プラスチックと素材が違う器が入っているだけでなく、鍋敷き等の調理グッズも入っており、「とりあえず」な状態。

あちこちらに収納していた食器を出して分類してみたら

想像以上にあってびっくり！

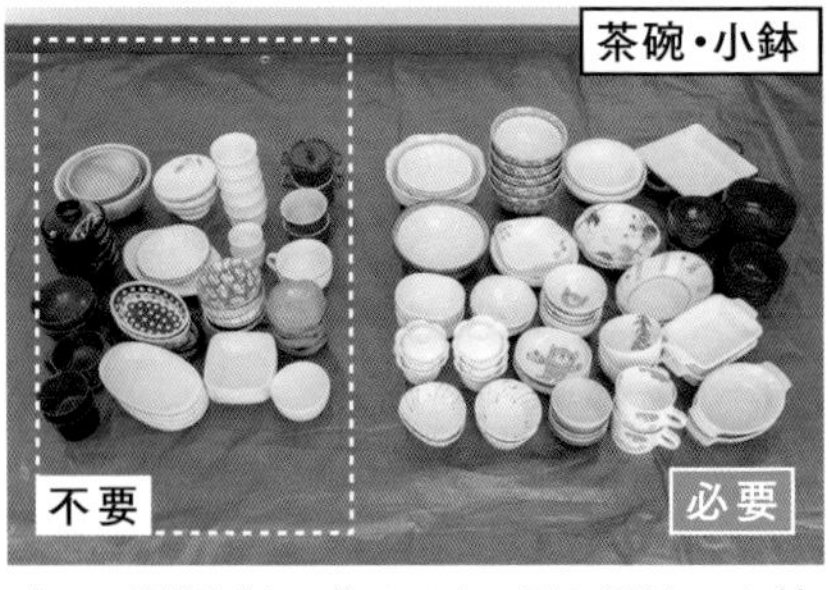

出して種類ごとに集めると、同じ用途のお椀や、グラタン皿が複数あることが判明。バラバラに収められていると、重複して持っていることに気づきません。

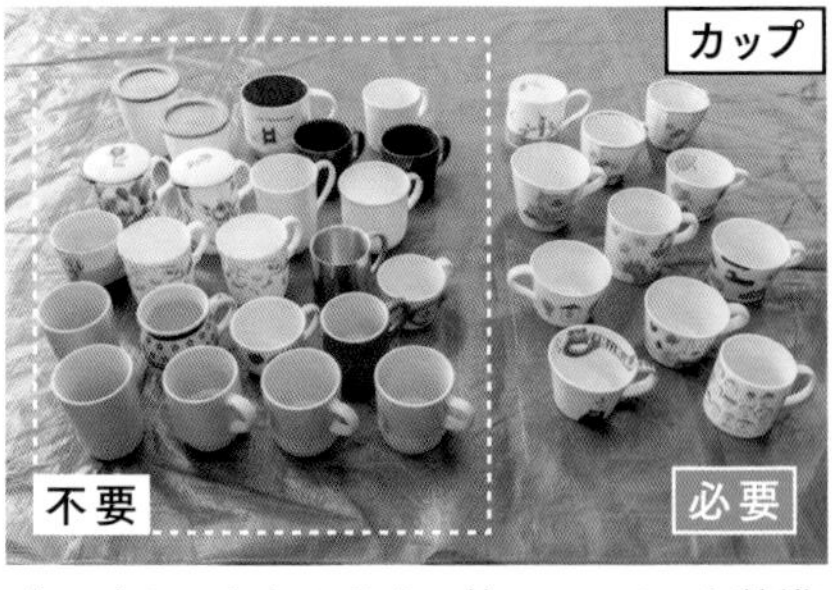

全て出し、お気に入り、使っている、を基準に選別していくと、残す物より、手放すカップの方が多くありました。一つ一つ物と向き合うことが必要です。

同じ高さのグラス、似たグラスは何種類も不要。日常使い、和のテイスト、アルコール用が一通りあれば困りません。来客専用は設けず普段も使います。

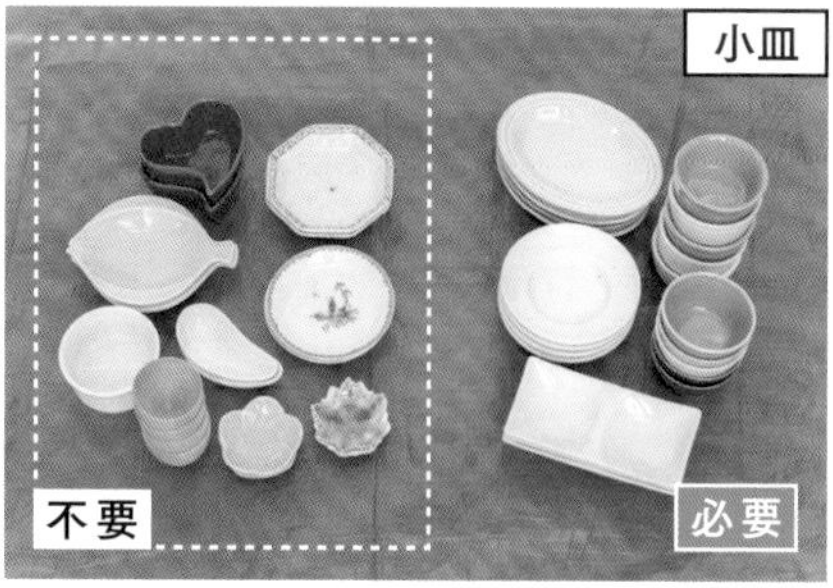

かわいい器は存在感がありますが、用途が限られており使いにくい。シンプルな形の方が他の器ともコーディネートしやすく、用途を限らず出番が多い。

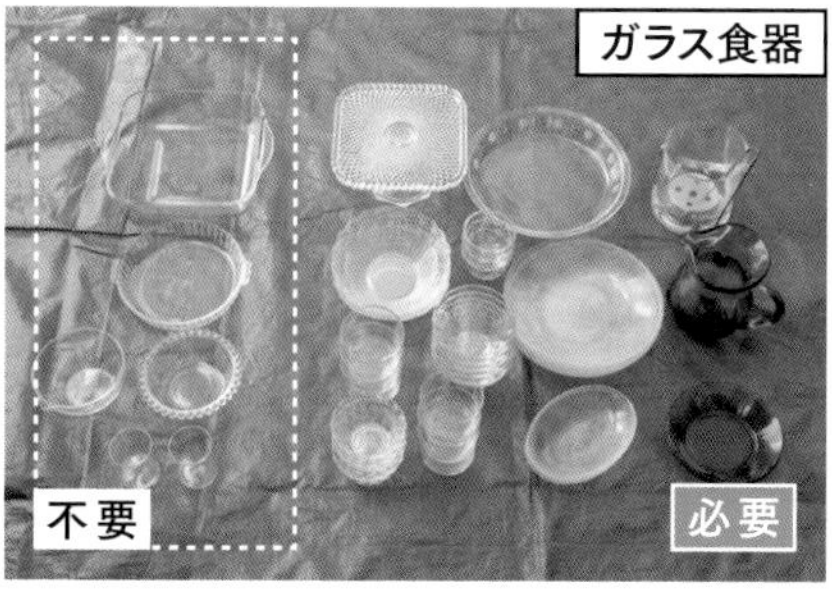

手放しの対象になったのは、1枚しかない大皿や小皿、不揃いなグラス。1つしかない物でも、お気に入りで使用頻度が高い物は残します。

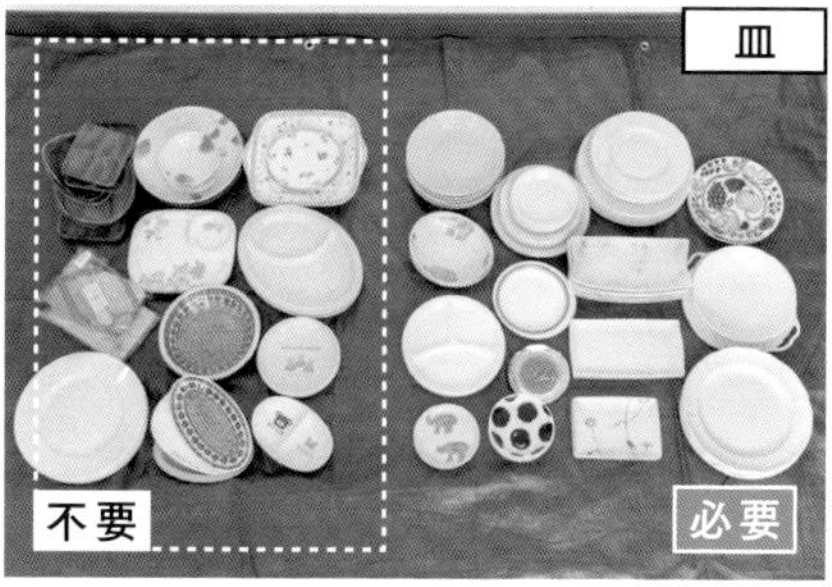

使いやすさをイメージしてチョイス。手放す物は形が変わっている物、柄物が多く、残す物はシンプルで、手入れが簡単そうな物だけになりました。

一度精査してみましょう

毎日見ている食器は、使っていなくてもそこにあるだけで、使っている気分になっているので、一度出し、全て一軍になるように精査してみましょう。

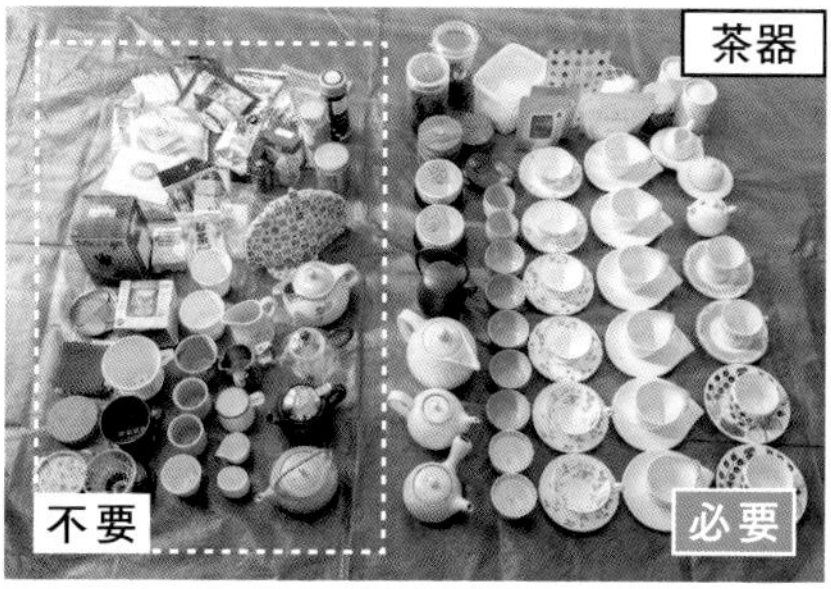

茶器と一緒に収納されていた紅茶は消費期限切れも多く、もったいないことに。期限がある物は出し入れしやすい所に収めるようにしましょう。

整理
キッチン
食器

普段の暮らしでお気に入りの食器を使い、心豊かな生活を送りませんか？

ご本人が想像していた以上の数に驚いたBさん宅の食器の数。お客様が多いという理由があるにしても、今回「久しぶりに見た」という食器があちこちにあったのですから、かなり重症です。

使っていない食器、たまにしか使わない食器は、なぜ使用頻度が低いのでしょう？　出し入れが面倒で使っていないなら、収納を見直しましょう。大好きなので、壊れることを恐れて使っていないのであれば、壊さないように大切に使いましょう。**物は使ってこそ価値があります。**「使うのがもったいない」のではなく、「使わないのがもったいない」のです。**使わないで置いているのは、「溜め込んでいる」のと同じこと。**使用中、誤って壊してしまったとしても、それまであなたの心を豊かにしてくれたのですから、器の命は全うできたはずです。

箱に入ったままの食器は、どうして使わないのでしょうか？「いつか使う」「趣味ではない」「子どもが一人暮らしする時に持たせる」どれでしょうか？　「いつか使う」つもりがあるなら、今すぐ、箱から出して使いましょう。趣味ではないなら、リサイクルに出し、使ってくれる人の元に送り出してあげてください。

思い出の品は用途を変えて使う

思い出のカップは、製菓道具の小物入れに。ボックスの中で立てて使うことにしました。別の用途で活用すると、見る回数も増えますね。

子どもが幼稚園の頃作ったマグカップは処分せずにペン立てにし、2次利用しませんか? マグカップだからと言ってそれ以外に使ってはいけないルールはありません。

Bさん宅のように来客が頻繁ではないなら、いつ来るか分からないお客様のために使わず置いておくのではなく、家族で上質な食器を使いましょう。料理は、舌だけでなく目でも味わいます。いつもの料理も、器が変わるだけで料理や食卓の雰囲気、味までも変わります。**大切なのは、「来客より家族や自分」**です。仕舞い込んでいる食器は、自分が使いたいかどうかを再確認してみてください。

見直したい食器(今日から使う、またはリサイクルする、を決める)

- 箱に入ったままの引き出物や内祝いの食器
- 使っていない食器、たまにしか使わない食器
- 来客用の食器

お気に入りの食器だからこそ使う!

普段の暮らしでお気に入りの食器を使い、心豊かな生活を送りませんか?

美味しさを感じる順番は、目(視覚)・香り(嗅覚)・味(味覚)と言われています。器を替えるだけで「見た目」が変わり、いつも以上に美味しい料理になります。

同じ素材、種類でまとめる

食器棚の1番上の引き出しには、ガラス素材、柄ものでそれぞれまとめると、見た目がスッキリするし、分かりやすい。又、同じような形、サイズでまとめるとスペースに無駄がなくなるので、収納量が増えます。

引き出しの上下で中の器の使用頻度を変える

1番上に薄い色（ガラス）の器や小さな器を収めたのに対し、その下は大きな器や使用頻度が少ない器を収納。引き出し1段分の高低差ですが、使い勝手を極めるなら、たった1段でも侮れません。

毎日使う一軍の食器は、最高のベストポジションに

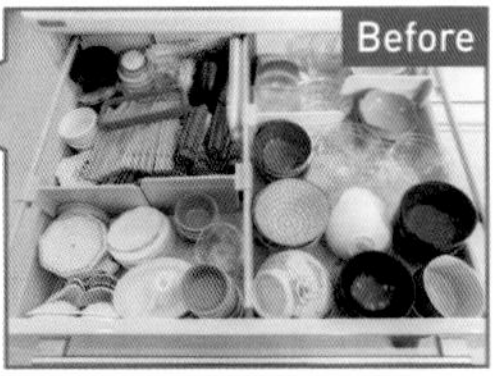

キッチンの中心にある、アイランドの引き出し上段は、1日に何度も使用するお茶碗や取り皿を収めました。既存の仕切りを外すことで、自由度と収納量はUP。

「飲む」を集結する

ガスコンロの真後ろの引き出しは、「飲む」目的の食器を収めた引き出し。左側はマグカップや湯呑み茶碗。右側は、汁椀、スープ碗、お茶、お茶グッズ関連品にしました。

グラス・茶器は奥並べで収納する

カップボード側は、ティーカップソーサーや茶器を「奥並べ」にし取り出しやすく収納。「奥並べ」とは、スーパーの陳列棚のようにそれを取り出しても奥から同じ物が出てくる収納法です。

繊細なワイングラスの収納アイデア

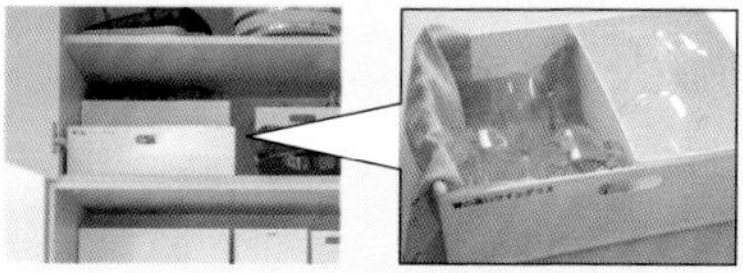

ワイングラスは、背が高いので立て収納しなければならず、繊細なので気を使います。箱のまま収納している人も見かけますが、それでは出し入れしづらい。ボックスを使うのがおすすめです（68ページ参照）。

食器は「用途」「素材」「色」「テイスト」別に収納

カップボードに食器を入れる際、重要なのは、食器の「用途」、「素材」、「色」、「テイスト」にまとめてから収めること。

例えばグラスをまとめて収納する際、クリアなワイングラスと、色付きの切子グラスは同じ棚に収納しません。ワイングラスも切子グラスも、同じ用途（飲む）、素材（グラス）として1つにまとめて収納するのが普通ですが、クリアなグラスの中に色物のグラスが混じると、見た目のすっきり感が損なわれるので、切子グラスは同じテイスト（和）に分類し、同じ用途（飲む）の中の、似た色と一緒に収納すると、使い勝手と見た目を兼ね備えた収納になります。

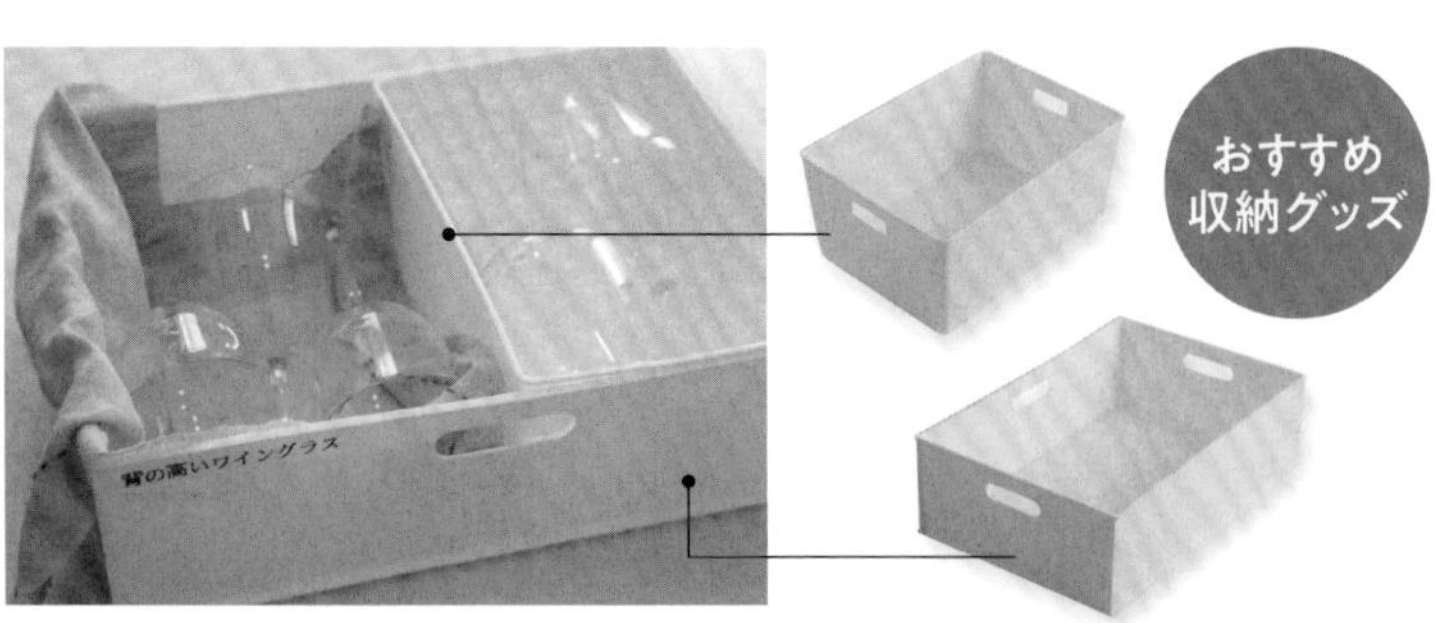

組み合わせて活用する、収納ボックスの使い方

大きなボックスはニトリのNインボックスハーフ。中にピッタリ入るハーフサイズのボックスは、セリアのライナーケースL。これを入れることで、広い空間を2つに仕切ることができます。

キッチン収納でよくある問題点。背の高いワイングラスと大皿

やけに背の高いワイングラス、ご家庭に1個や2個、ありませんか？　引き出物や、内祝いでいただいたグラス類。たまに使うので手放せない、とりあえず今は置いておきたい……。しかし、それを収納すると、他のグラスと高さが合わず、そのグラスのためだけに棚板の高さを変えなければいけない……。

グラスが5〜6個揃っているなら、その高さに合わせて収納します。1、2個でも、棚板の高さを変えてよければ、変えることに越したことはないですが、もし、変えて他の食器収納に影響が出るなら、寝かせて収納しませんか？　1〜2個なら、**グラスを横に寝かし、箱に入れて収納するのも1つの方法です。**ただし、使用頻度が低いグラスであることが前提です。

その際のボックスは、なるべくグラスの大きさに合った物を探すこと。出し入れの最中、ボックスの中でグラスがゴソゴソ動く大きさはNGです。ボックスの底にタオルやふきんを敷き、グラスは、出し入れの際、グラス同士が緩衝しないように柔らかい布に包み、平置きにすること（重ねない）。縦が無理なら、横にすることで、空間を有効利用することができます。

「1枚だけある大皿、どう収納したらいいですか？」キッチンの質問でよく出てくるフレーズです。あなたの家に大皿はありますか？　その大皿は使ってい

NG Point

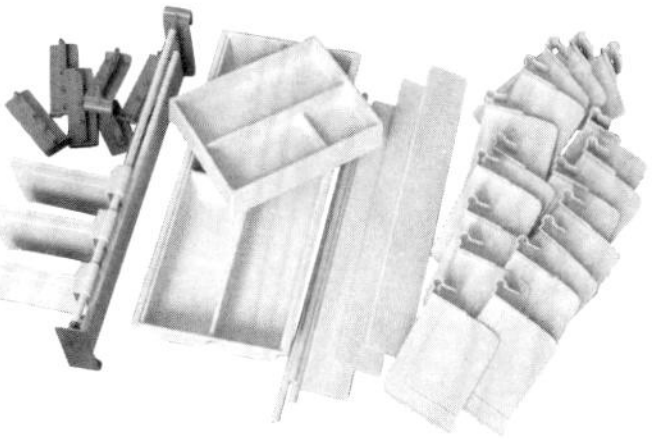

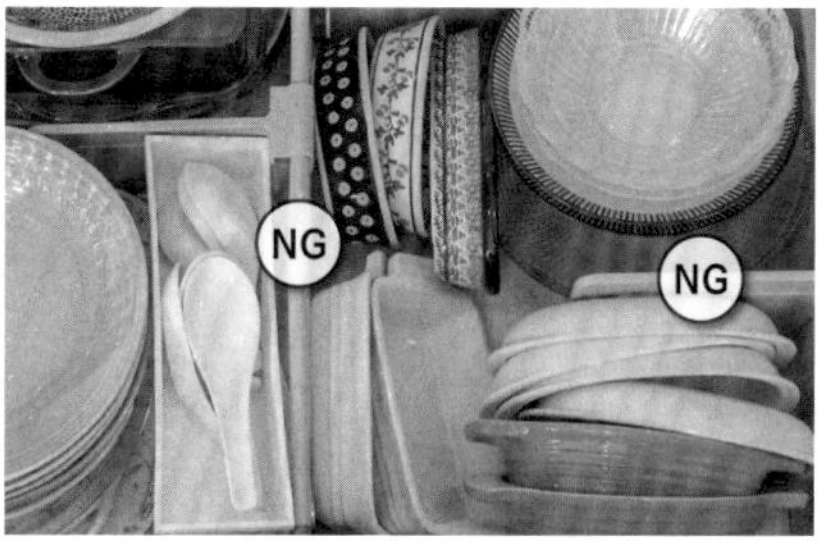

使いやすいようで実は不便！ 付属の仕切り

システムキッチン付属の仕切りやトレーは外しましょう。仕切りに従うと、収めたい所に収納できないだけでなく、無駄なスペースが生まれ、収納量にも制限が掛かります。

ますか？

我が家にも昔は2枚、大皿がありました。柄もサイズも違う大皿です。今の家に引っ越しする時も持ってきましたが、気に入っていない、収納スペースがない、そもそも使っていない、3つの「ない」が重なったので、処分しました。なぜ使っていないのに長年持っていたのかというと、「大皿は家にあるものだ」と思っていたから。「一般家庭に大皿は普通にあるものだ」と固定観念があったので、ただ何となく持っていたのです。大皿を頻繁に使っていたなら、必要な物なので、持っていることを気にしなかったのでしょうが、今までずっと使っていない、場所を取る、収納ができない、食洗機に入らない……一つ一つ分析し、**「大皿を持つ意味が持てなかった」**ので、潔く処分しました。

大皿料理がメインの大家族だと、ないと困りますが、我が家は個々に配膳するスタイルだったので、大皿の出番はなし。コーディネートに合わない絵付けの大皿に盛るより、コーディネートにあったお皿2枚、3枚に分けて盛りつけた方が断然マッチするので、大皿を手放しました。実家に大皿があるので、ただ何となく、所有する物だと思っていましたが、一つ一つ物と向き合って分析すると、今の自分には必要ないということが分かります。キッチンの整理収納は親がやってきたことを真似していることが多いので、果たしてそれが今の自分のライフスタイルに合っているか？ を見極めてから持つ、持たないを決めて欲しいと思います。

何が入っているか分からない引き出し

出してみたら

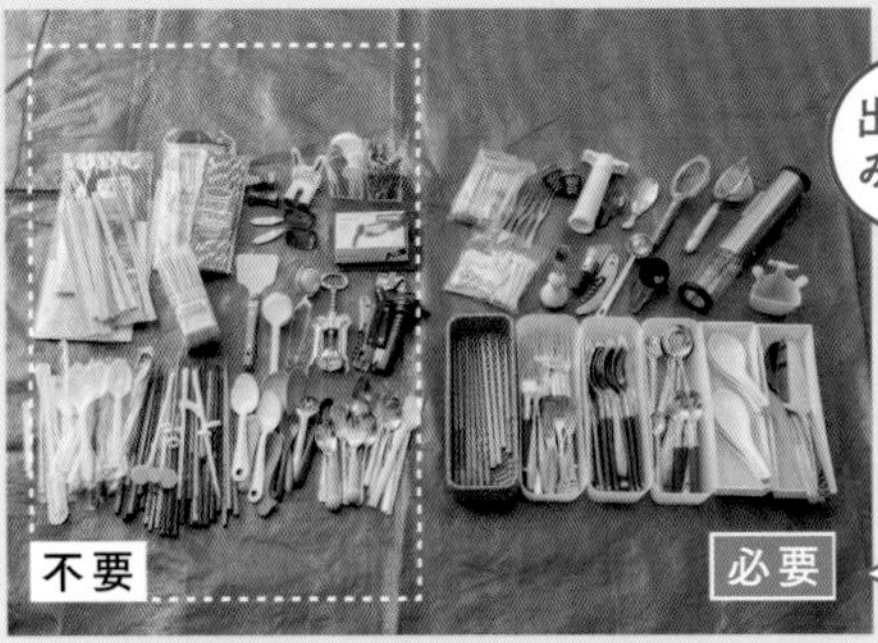

キッチンのあちこちに点在していた箸、割り箸、カトラリー、れんげを1ヵ所に集めて精査。新品未開封のカトラリーを使うことにし、不揃いな古いカトラリーは処分。

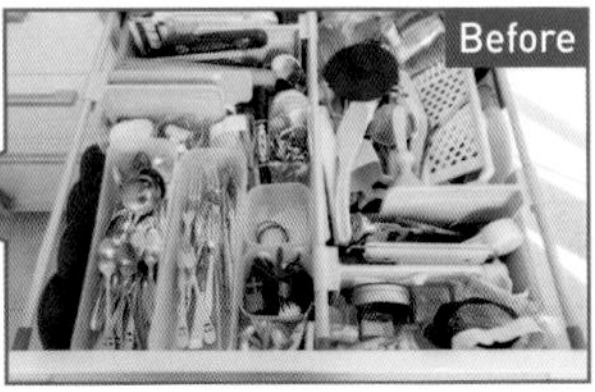

カトラリー、キッチンツールがごちゃ混ぜな引き出し。

面倒でも全部出して仲間分け

どこに何があるか分からないカップボード。とりあえず物を入れるのが収納ではありません。

出してみたら

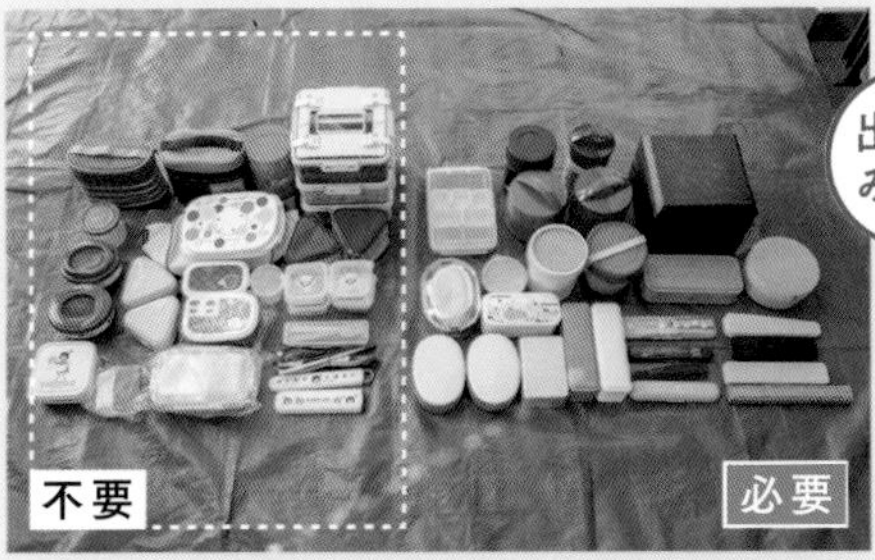

引き出しの中、棚の中、全て出して分類。お弁当箱や水筒を種類ごとにまとめ、それぞれを俯瞰することで、使いやすい、好き、が明確になり手放す物が見えてきます。

仕切れるトレーは万能

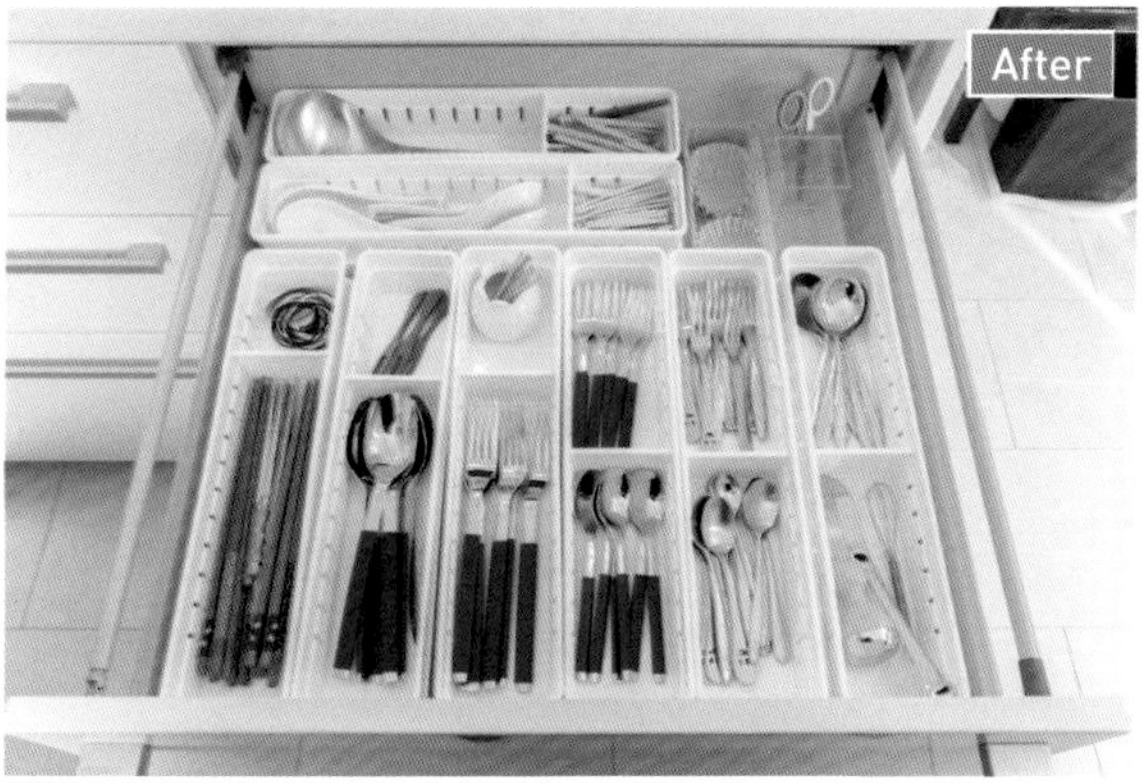

バラバラのトレーを用いてカトラリーをグルーピングしていたので、100円ショップの重なるキッチントレーに統一。2段に収納し、収納量を増やしました。

深い引き出しもボックスで区画整理

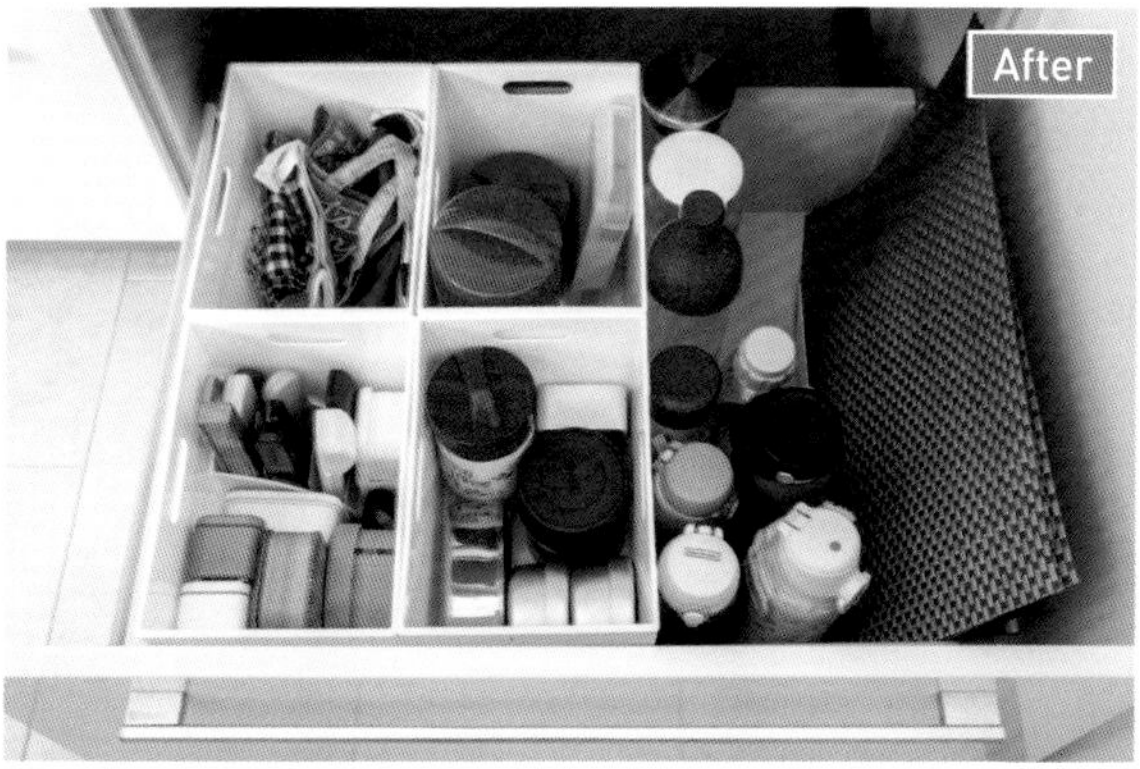

色んな物が突っ込まれてしまう原因は、スペースが広く入るだけ入れてしまうから。広いスペースはボックスで空間を仕切り、グルーピングすることで解決。

季節外の水筒、頻度の少ないBBQセットはボックスに入れてカップボード最上段へ。

トレーの上手な収納術

トレーは立てて収納が理想ですが、スペースが無い時はボックスに入れて引き出しのように使いましょう。

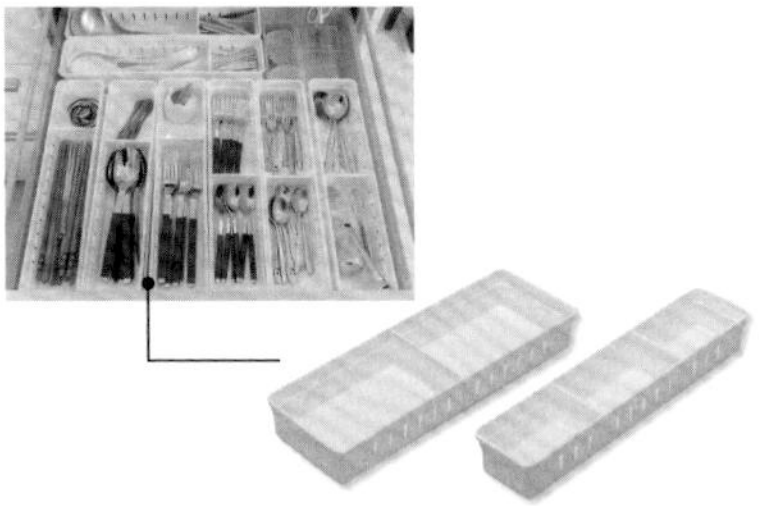

キッチントレーを重ねるコツ

キッチントレーを重ねて使う場合は、下段の仕切り板を、本体の仕切り板をはめる溝の高さにまでハサミでカットすることで、重ねた時に安定します。

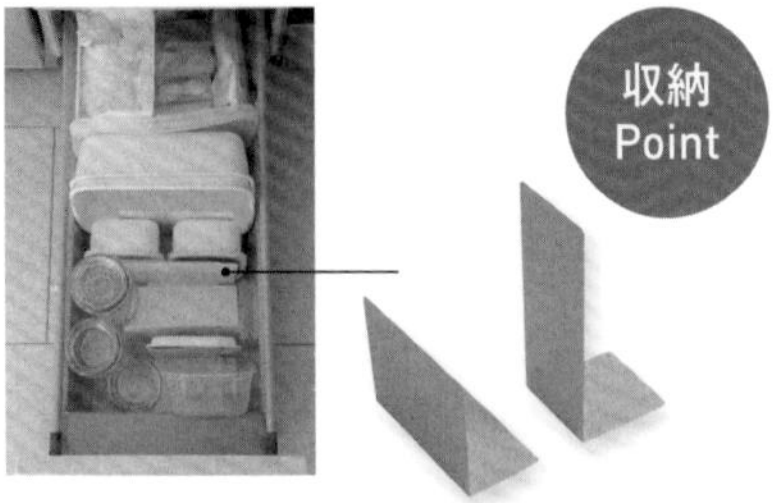

ブックエンドは狭い場所を仕切る、立てる、優等生

狭い引き出しはボックスよりブックエンドで仕切るのがおすすめです。今回は保存容器を蓋と容器に分け、立てて収納しました。ブックスタンドはL字形がマスト。長い面、短い面、両方活用できます。

減らした後は、買わない、増やさない、貰わない

頑張って物を減らしても、今と同じ生活をしていたら、また物は増えてしまいます。**キッチンで物を増やさないコツは、①買う時のルールを設けること、②「特売」「お得」「福袋」に飛びつかないこと、③粗品やノベルティは断る勇気を持つこと、**この3つです。

食品や消耗品の購入は日常のことですし、「いずれは必要」「いずれなくなるもの」と思い込んでいるので、無意識に購入しがち。だから増えるのです。消耗品は、自分の定番品を決めること！　前述しましたが「自分にとってのベスト品＝定番品」に徹底し、浮気はしません。そうすれば、使い慣れない物を使うストレスがありません。

ストック数は、1ストック1ユーズが理想。近年、「必ず減るものだから」と、ふるさと納税で大量の消耗品を返礼品に選び、収納場所に困っている方が多いです。減る物でも、日常生活に支障をきたすような物の買い方はＮＧです。防災専門食も然り。使いきる、食べきるまでの時間が長ければ消費（賞味）期限内であっても少しずつ劣化しています。持つのが悪いのではなく、持つ数と消費の仕方を考えてみましょう。専門の防災食も悪くないですが、日常食べ慣れている、家族が好きな食品を、ローリングストック（※）するのが理想。

NG Point

床置きNG！

重い瓶や根菜を床に直置きするのはNG。食品は冷暗所に置くのがベスト。床に物があるとつまずく危険も。掃除がしやすい、すっきり見える、防災・減災にも繋がるので床置きはやめましょう。

ためこんでしまった取り扱い説明書

調理器具の説明書は不要です。どうしても残したいのなら、スマホなどで撮影してから処分してください。

バラバラに買い足した収納グッズ

100円ショップは種類が豊富で手軽に収納グッズが買えますが、間に合わせで買うと散らかった印象になります。将来、買い足せる定番品を購入しましょう。

そして、お得感に負けない決意も持ちましょう。「〇個買ったら1個プレゼント」や「福袋」。それがあなたの定番品であっても、収納スペースは確保できますか？　使いきる間にその商品の改良版が出るかもしれませんよ。「中が見える福袋」がありますが、全てあなたが必要とする物が入っているとは限りません。「フリマアプリで売るから！」と言う人がいますが、売れなければただのゴミ。お得感を買うのはやめましょう。最初から本命の物だけ買えば、安くすむこともあるのです。

粗品は書いて字のごとく、「粗末な物」です。例え高級な粗品であっても、自分の好みでなければ「粗末な物」と同じこと。なんとなく家に入れてしまうと、「あの時貰った〇〇だから」「〇〇のオープン記念の貴重な品」と、逆に箔がついてしまい、なかなか手放せなくなるのです。**最初から断れば、悩みません、困りません。**物の持ち方の自分軸を持って、〝きれい〟をキープしてください。

※ローリングストック
日常の中に食料備蓄を取り込むという考え方。普段から少し多めに食材、加工品を買っておき、使ったら使った分だけ新しく買い足していくことで、常に一定量の食料を家に備蓄しておく方法。

キッチン

Bさん宅のキッチンの整理収納、作業完了！

縦の空間は棚板、引き出しはボックスで仕切る！

右の棚の家電コーナーは、前後に収納され奥の家電は使えない状態でしたが、左のカップボードの棚板の高さを変更したことで左右に家電が収まり、無理なく使えるようになりました。茶器、お皿も1種類ずつ並べて使い勝手良く。

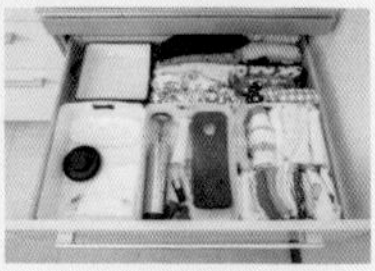

軽い物は引き出しの開閉で動くのでボックスを用いて仕切ります。お皿のように重さがある物は開閉しても動かないので仕切り不要。

食器棚

アイランドテーブル

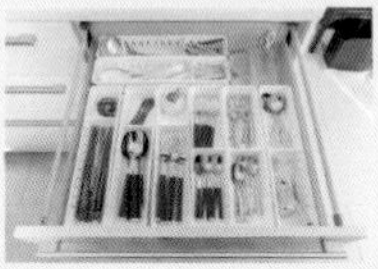

1種類ごとにトレーで分類すると、ストレスフリーのカトラリー収納が実現。

動線重視の収納で叶える時短家事

動線を考え、食洗機の向かいにあるアイランドテーブルには、カトラリーやお茶碗、お椀など、日常的に使う物を収納。後ろを振り向くだけで出す、仕舞うが叶い、時短家事に。

不要な物がこんなにありました！

消費期限切れや使わない物などを確認して出た不要な物。

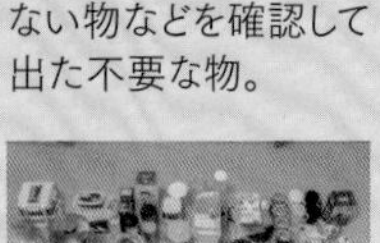

使い勝手が悪い調理器具など今の生活に合わない物は手放す。

コンロ横には調味料と調理ツールを集約

コンロの横はすぐに味付けができるように、調味料を収納します。上から見て何か分かるよう、全てラベリングを。おたまやヘラは引き出しに寝かせると、取り出す時、他の物に引っかかりますが、立てると、上からサッと取り出せます。

調理台、コンロ前には何も置かないのが理想。作業スペースが広いので調理がスムーズに行えます。

コンロ周り

シンク周り

細々としたツールは縦長ボックスを活用

シンク周りは一番きれいにしたい場所。物が出しっぱなしにならないよう収める物を厳選しました。水回りで使用するざる、ボウル、鍋の他、軽量カップや水切りネット、おろし器もシンクの下に収納すると便利。細々した物の収納には縦長のボックスを利用。ジッパー付き袋やメラミンスポンジも縦長ボックスに入れて立てました。

ジッパー付き袋などは縦長ボックスに収納。セリア・DCContainer・スリムダストを利用。

Bさんのコメント

念願の美しく整ったキッチンに！

整理収納を終えた感想は、物が必要最小限になって何がどこにどれだけあるか把握できるようになった、美しくキープし続けたい気持ちになった、使いやすい収納で家事効率があがった、ということです。引き出しの中や戸棚の中に収まっていればいいという固定観念が崩れ、溢れていた物が、「一点物」になり、大切に愛着を持って使うことができるようになりました。フライパンや鍋など毎日使用する物が「立てて収納」によって非常に使いやすくなり、料理をするのが今まで以上に好きになりました。美しい収納によって、私自身の気持ちだけでなく、家族の気持ちまでリフレッシュしてくれたような気がします。

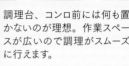

03 リビング ダイニング

Cさん邸

家族構成：夫（40代）・妻（40代）・子ども4人（高校生・小学生・保育園）

Question
お悩み

❶紙の収納の仕方が分かりません

❷書類があちこちにあり管理しきれません

❸チラシや紙のクーポンが捨てられません

❹備え付け収納が小さくて使えない

❺収納家具が2つもあり部屋が狭い

子どもが4人いるので、毎日持ち帰るプリントやテスト、郵便物、家に入ってくる紙類が多く、とりあえず分類して入れていますが、これで良いのか分かりません。塾、お稽古、学童の手紙も沢山あります。ダイレクトメールや会報誌についているクーポンが捨てられず、収納方法が知りたい。

ダイニングには、大きな収納家具が2つもあるのに、上手く使えていません。家具が邪魔で掃除がしにくく、すぐに散らかりイライラしてしまいます。収納場所があっても、定位置が決まりません。仕事もしているので、片づけに時間を取られず、家族の時間、自分の時間を増やしたいです。

Answer
解決法

❶ファイリングのルールとシステムを作る

❷紙の置き場所の定位置を変えましょう

❸クーポンはお得感を買っているだけ

❹小さいスペースはそれに合う収納法に

❺家具をストレスに感じるなら手放すことも考慮

家族の人数が多いので、毎日沢山の紙が家に入るのは分かります。お子様の手紙類を収める場所を設けているのは正解ですが、その収め方がちょっと残念。

もっと残念なのは、「後で見る」「とりあえず」の紙が多く、結局は判断を後回しにしていること。判断のために後々時間を取られることになってしまうのは、ワーキングマザーにとって何の利点もありません。残す紙と処分する紙のルールを設け、ファイリングシステムを作りましょう。

また、収納スペースが沢山あれば片づくわけではありません。適切な場所に厳選した物を収めるのが収納。小さなスペースも、物が少なければきちんと収めることができます。

整理

ダイニング

A

物の定位置が決まっていないから無造作に置かれた状態に!

右の写真のaとdの収納棚はテレビ台とお揃いで購入し、リビングに置いていたが、リビングスペースを広くするためダイニングへ移動させた。元々ワゴンや造り付けの棚があり、気がつけば収納家具でいっぱいに!

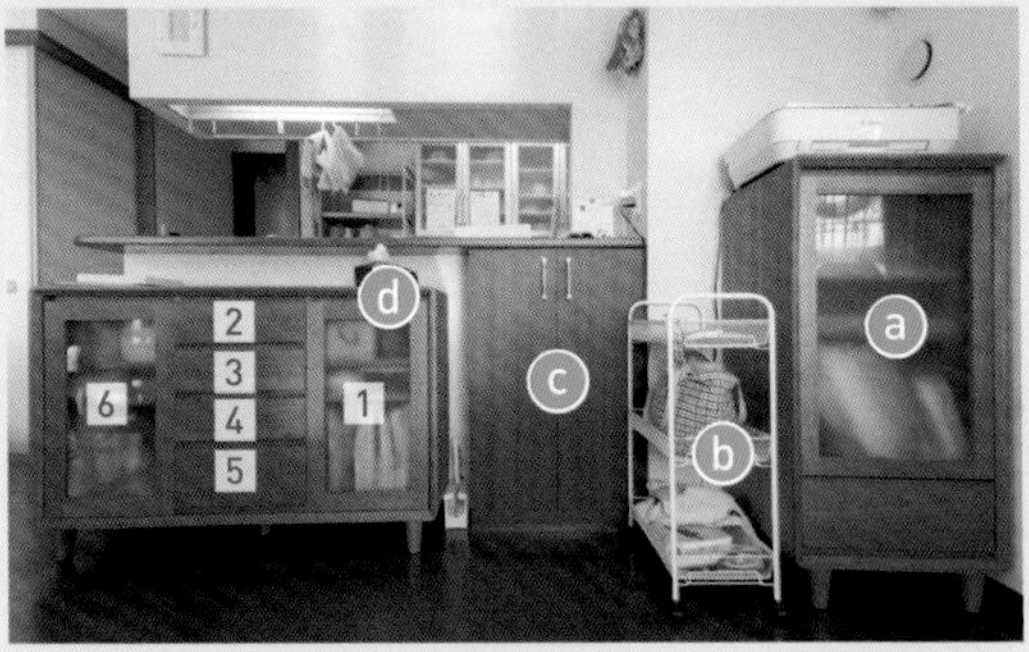

かつてaやcの棚は書類などの収納スペースだったが、いちいち開けて仕舞うのが面倒になり、いつの間にかスカスカ状態。また、扉を開閉せずにポイポイと物が置けるbのワゴンが何でも置き場化し、雑然と物が放り込まれることになったそう。

書類や文房具、家族の様々な小物類が入っていたサイドボード。それぞれの定位置がなく、雑然としデッドスペースもいっぱい!

B キッチンの棚や引き出しに薬類が分散！

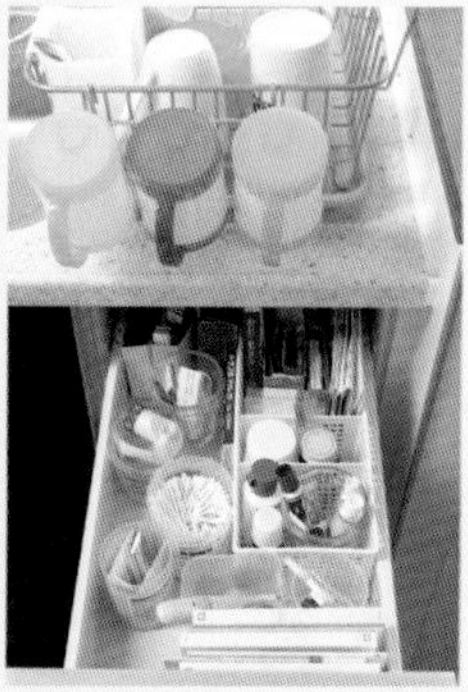

家族6人分の薬類があり、取り出しやすさを考えて薬箱ではなく、キッチンの引き出しに収納しているというCさん。しかし、薬の種類や量が増えるにつれ、キッチンの棚や別の引き出しにも分散し、いつからあったか不明な薬も！

不要な薬・空箱

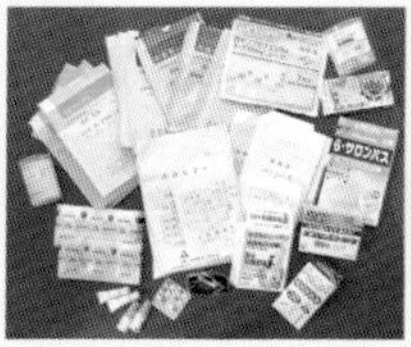

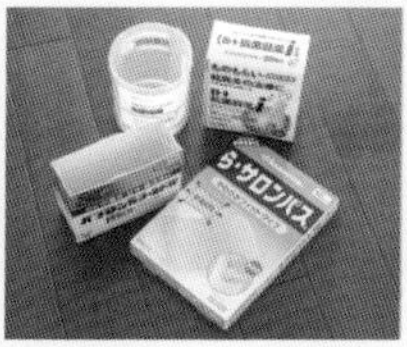

使用期限を過ぎた薬やここ数年使っていなかった薬を処分。かさばりがちな箱も捨てて中身だけにすると、すっきりと収納が可能に。

C 本来はよく使う書類置き場だったはずが…

キッチン内の収納棚には、学校からの連絡など使用頻度の高い書類をまとめて置いていたのが、いつしか書類だけでなく、手紙やクーポンなどをとりあえず入れておく「何でも置き場」に。収納ケースも適当に買ったものでバラバラ。

ⓒⓓから出た不要物

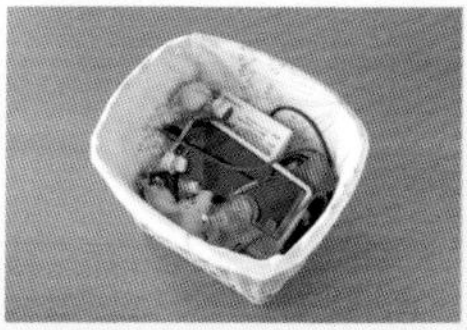

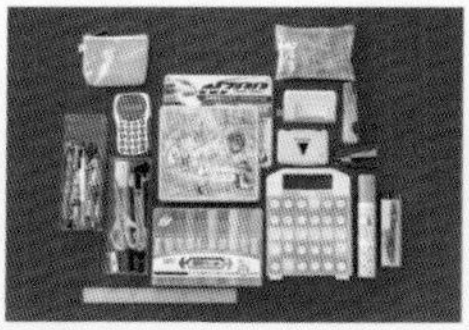

期限切れの書類や家電の説明書などを一掃。文房具はよく使う物以外は捨て、どうしても手放せない雑貨は一旦「思い出箱」を作って後ほど整理。

NG Point 1

もうひと手間が欲しい収納

カゴ分類はされていますが、すぐに使えない状態。ケーブル類は、何のケーブルか分かるようにラベルを付けるなど、すぐに使えるように収めるのが収納です。

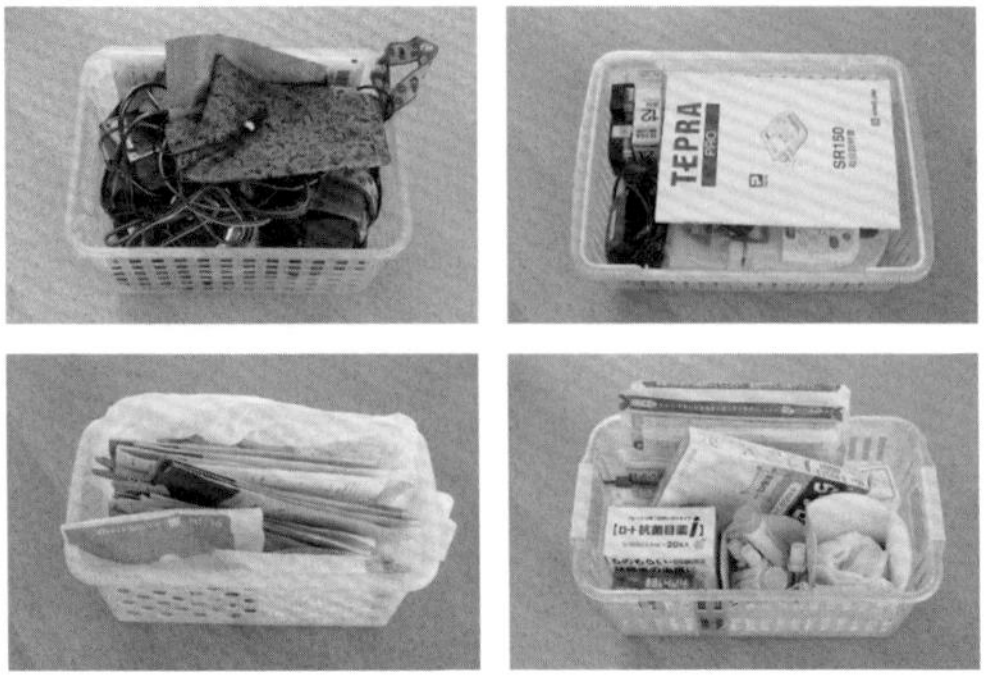

いつの間にか物が集まる〝家族のパブリックスペース〟。「今、使う物だけ」に厳選してリセットしましょう

ダイニング（リビング）は家族のパブリックスペースなので、色んな物が集まってきます。しかし、それらは本当に必要な物でしょうか？ 以外と次のような物があるはずです。一度、ある全ての物をチェックしてみましょう。

すぐに捨てるべき物

- 何についていたか分からないネジ
- 余っているコード類
- インクの出ないボールペン
- いつ買ったか分からない古い電池
- 期限切れのダイレクトメールやチラシ

- 使用期限が切れた薬
- 使っていない健康器具
- 古いパンフレット
- 古い雑誌

見直すべき物

- 沢山あるペン類
- 沢山あるテープ類
- 沢山ある付箋やメモ帳
- 複数ある耳かき、爪切り、体温計（1種類1アイテムに）

NG Point 2

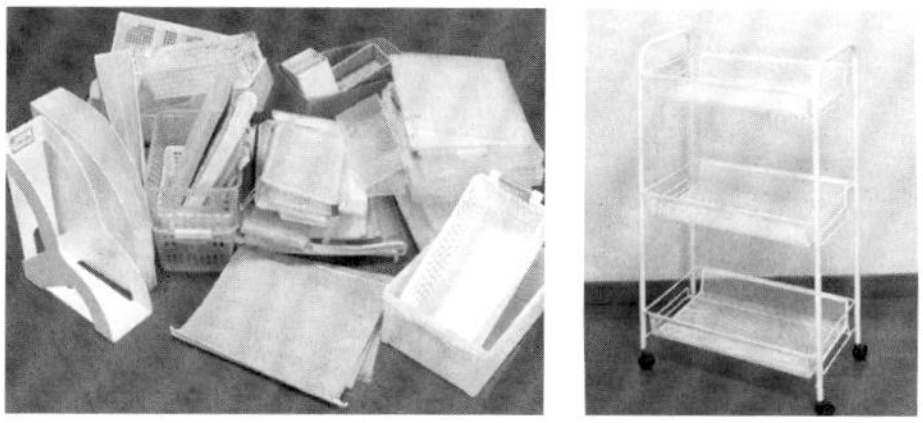

物を沢山収めるために収納グッズを買っていると物が減りません。減らした物を使いやすく収めるための収納グッズです。グッズありきだと物が減らないので注意を。

付箋やメモ帳、ペン類は全て自分で購入した物ですか？　ノベルティで貰った物、家族がどこかから持ち帰った物があるのではないでしょうか。ペンやメモに企業名や商品名が書いている物を使うのは「自分らしい」ですか？

私は「持ち物は自己表現」だと思っているので、ペン1本、メモ用紙1枚にもこだわっています。おしゃれとかセンスがいい物というのではなく、自分が使って「気持ちいい物」を選ぶようにしています。ペンやメモに企業名や商品名が書かれていると、使う度にその文字に目が行き、テンションが下がるので私は使いません。些細なことですが、小さな物にもこだわりを持つことで、家の中が自分の好きな物だけになり、むやみに物が増えなくなるのです。

よくいるのは「貰ったからとりあえず残す」「いつか使うかもしれないから残す」人。これを家族全員していたら、物が減りません。**「いつか」と「とりあえず」はやめて、「今、使う物だけ」に厳選してみましょう。**

そして、頑張って減らしたら「完了」ではなく、今後はそれをキープするために、**不要な物、気に入らない物を「家に入れない！」と心に誓ってください。**その誓いさえあれば、例えノベルティをいただく機会があったとしても、気に入る物でなければ、「結構です」「お気持ちだけいただきます」と断る勇気が自然と湧いてきます。〝きれいキープ〟の第一歩です。

使う頻度を考えて備え付け家具を有効活用

A

スムーズに動けるよう「収納家具をなくす」と決めたので、使うのは奥行き21㎝の備え付け収納のみ。ベストポジションにあるので、使用頻度の高い物に絞って、有効に活用します。

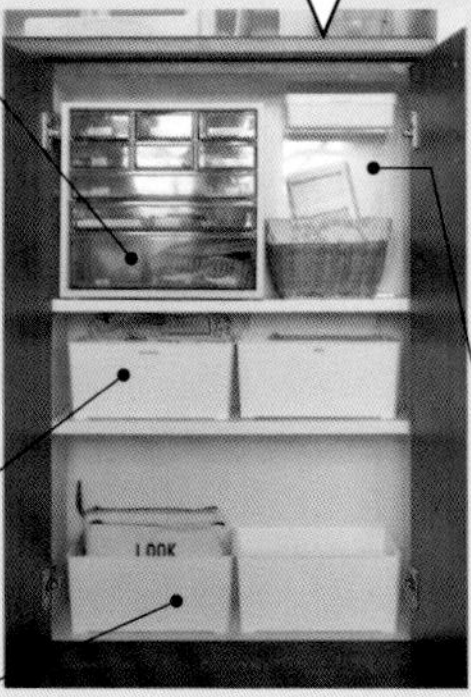

引き出しが沢山ある、アイリスオーヤマの小物収納キャビネット。文具等の小物を機能的に収納できます。

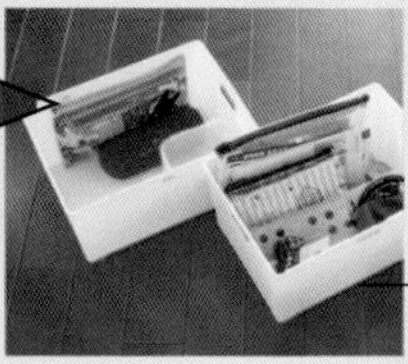

2段目は夫婦のそれぞれの私物ボックス。届いた手紙を入れたり、読みかけの本を一時保存したり、使い方は自由。

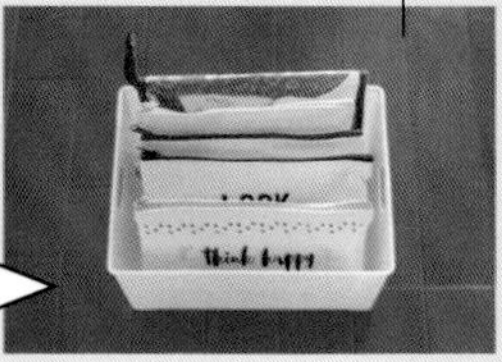

お薬手帳、予防接種券、診察券などを個別にポーチにまとめて管理。病院に行く時はポーチごと持参。（ダイソー・イニシャルポーチ）

コの字ラックを立て、耐震ジェルで固定。上にボックスが収納できます。（無印良品・アクリル仕切り棚）

使いやすい場所に収めるのが収納

収納にルールはありません。キッチンに薬や書類を収納するのもアリです。使う人が、使う場所、一番便利な場所に収めるのが使いやすい収納です。Cさんのお宅は、「毎日子どもが飲む薬や、グルーミング用品をキッチンに置きたい」と希望がありました。4人お子様がいるので、それぞれの薬を仕分け、飲ませなければいけないため、一番長い時間いるキッチンに収納したいとのこと。併せて、学校や保育園の手紙類もキッチンで読むので、キッチンに入ってすぐの所に収納することに。薬や書類は一般的にリビング……と思うかもしれませんが、使う人優先で定位置を決めれば、日々の暮らしがストレスフリーになりますよ。

B

すぐに飲めるように薬は袋から出して収納

毎日飲む薬は、すぐに飲めるよう袋から出してトレーに収納。一目瞭然で管理も簡単に。キッチンに入ってすぐの場所なので子どもも自分で出し入れできるゴールデンゾーン。

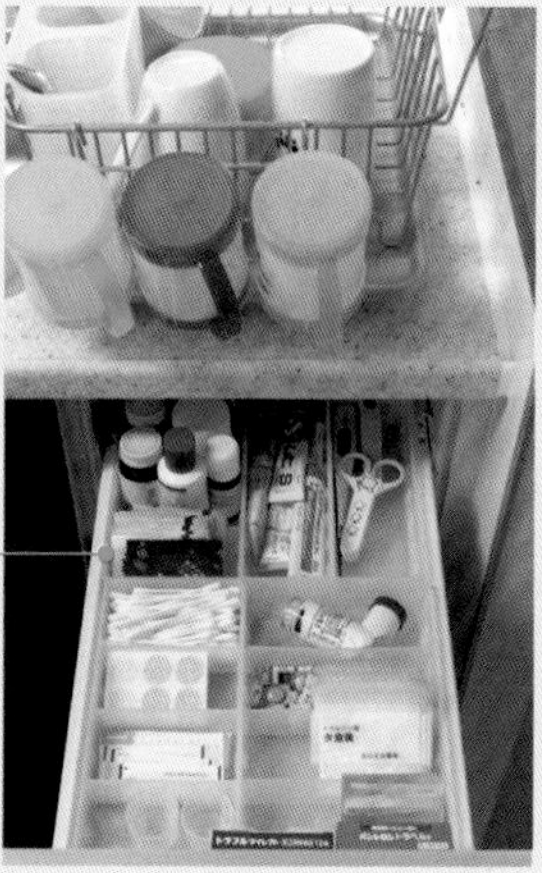

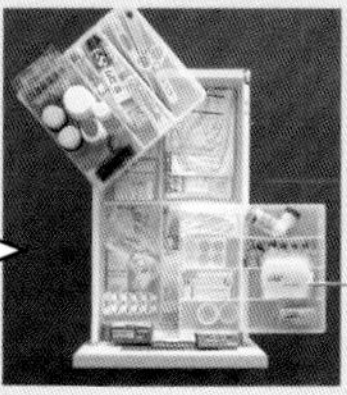

トレーは無印良品のPPデスク内整理トレー。開閉時のズレを防ぐため、両面テープで接合しています。浅いですがスタッキングできるので、使用頻度で分けて上下に収納できます。

C

書類は使用頻度を考えて場所を決める

学校からの手紙類、お金や税金関係の書類は家に入ってくる頻度、見返す頻度が高いのでキッチンに収納。取扱説明書や保険関係の書類は滅多に使用しないので、廊下の収納スペースに移動させました。

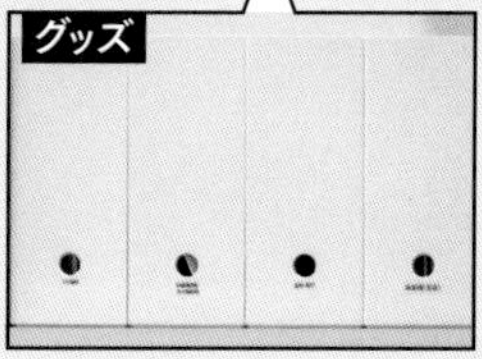

4人お子様がいるので、持ち帰る手紙の量も毎日大量。それぞれにファイルの色を決めて人別にファイリングし、無印良品のファイルボックスに。

王道
収納グッズ
1

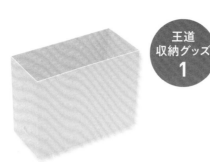

無印良品のファイルボックスは書類はもちろん、日用品の収納にも使えます。サイズが豊富で、重ねることもできるので、家中で活用できます。（無印良品 ポリプロピレンファイルボックス）

あなたは「捨てられない人」ではありません。今日から「捨てられる人」になりましょう

ダイニングやリビングを整理していると、手放せない物と出会うことがあります。お土産でいただいたペンやキーホルダー、子どもからの手紙、昔の年賀状……。

ずっと忘れ去っていたのに、久しぶりに見ると「手放せない」「捨てられない」のです。今まで「ないも同然」な暮らしをしていたのに、一目見ただけで「捨てられないスイッチ」が入るのは何故でしょうか？

お土産物やいただき物の場合は、他人が介在します。「○○さんに悪い」。子どもからの手紙なら、「せっかく、子どもが書いてくれたから」。**自分ではなく他人を優先して、手放せないのです。**他人はそんなこと忘れているかもしれないのに！

それらの手放せない物が少量なら、「思い出ボックスを作ってその中に入れましょう」とお伝えしますが、そういう人は思い出ボックスが物で溢れるほど、思い出をかき集めます。もやは**思い出ではなく、「手放せない物の墓場」です。**

今まで、それらがなくても困らない暮らしをしていたのですから、今後も困ることはありません。だから勇気を出して、手放してみて！　物に支配されるのはやめて、自分が物を支配しましょう。所有者はあなたです。

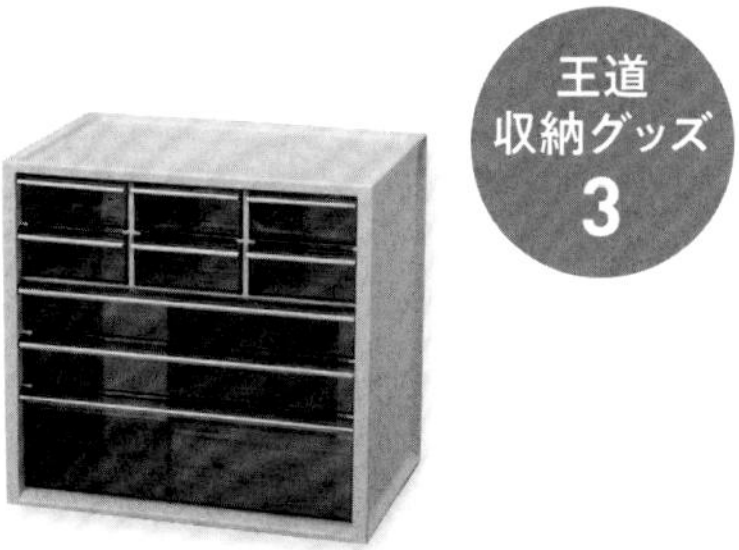

引き出しが沢山あり、省スペースにも置ける小物収納キャビネットは、小さな文具や薬の収納に最適。（アイリスオーヤマ 小物収納キャビネット KC-350DR）

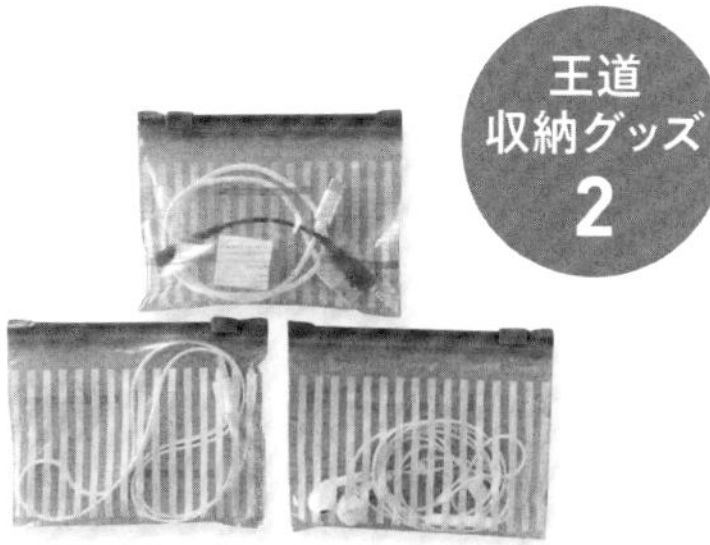

ジッパー付き袋は細々とした物の分類にベスト。中が見えるので、スマートフォンのケーブルやイヤホン、充電器の分別にも便利。（100円ショップ）

時々、暗示をかけられているかのように、「私は捨てられない人なんです」と明言する人がいますが、「捨てられない自分」を演じているだけです。**「捨てられない自分」も捨てることができます。**物がなくなっても、あなた自身がなくなることはありません。逆に、あなた自身が確立されます。今からあなたは「捨てられる人」です。思いっきり演じてください！

思い出の物は現物で残さなくても、写真に撮ったり、映像で残したり、現代ではスキャナーを使ってデータ化して残すことができます。「現物」にこだわっていては、家中が思い出の物だらけになってしまいますよ。物がなくなっても思い出までなくなることはありません。先日、テレビを観ていたら、長女が2〜3歳の頃大好きだったキャラクターが出ていたので、「小さい頃、大好きだったよね」と娘と会話が弾み、「思い出って形が無くても心に残る」ということを確信しました。心の中のスペースはフリーです。物ではなく「こと」を沢山持ってください！

ダイニングにあった、使わないけれど思い出のあるペンや、子ども達からの手紙は手放せない大事な宝物。普段は使用しないので、それらを集めて廊下の収納スペースに移動。

一見、片づいているように見えるリビング。特に困った様子は見受けられませんが……。

NG!

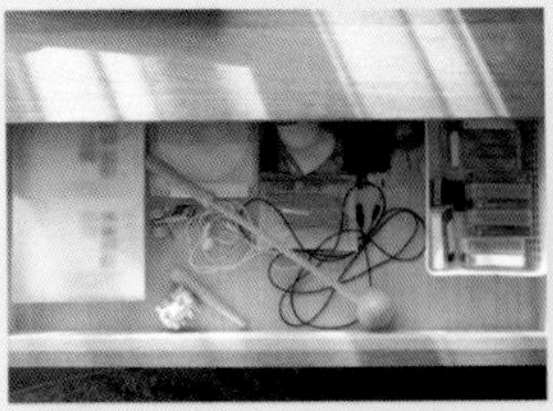

適当に物が入った引き出し

広く、浅い引き出しは使いづらい。小さな物を放り込んでいる状態。

ゲームなどをざっくり収納

ゲーム関連品を使う場所で収納しているのは正解だが、それ以外の物も……。

新旧混在の沢山のDVD

ボックスが既製品と手作りのミックスで見た目がちぐはぐ。中も古い物が沢山。

片づいているようでも改善点は隠れている

リビングは家族が集うスペースなので、物が増えがち。特に子どもの物はどんどん増えていくので、子どもの成長と共に見直さなければいけません。何の問題もないように見えるリビングも、引き出しを開けてみたら、時が止まったまま……。幼児の頃に観ていたDVDや、もう聴かないCD、どれに使うのか分からないケーブル類。今必要ない物を整理することでスペースが空き、他の物を収納することができます。テレビの下は、戻しやすいベストな場所なので、上手く活用できれば散らかることもありません。ここではゲーム収納になりましたが、薬や文具を収納しても良い場所です。ペットがいれば、ペット用具の収納もアリ。今の生活を優先し、昔の物は手放す勇気を！

整理したら収納できる物が増える

After

大きく変わったように見えないが、使い勝手はかなり向上。片づけるときのストレスが激減した。

収納 Point

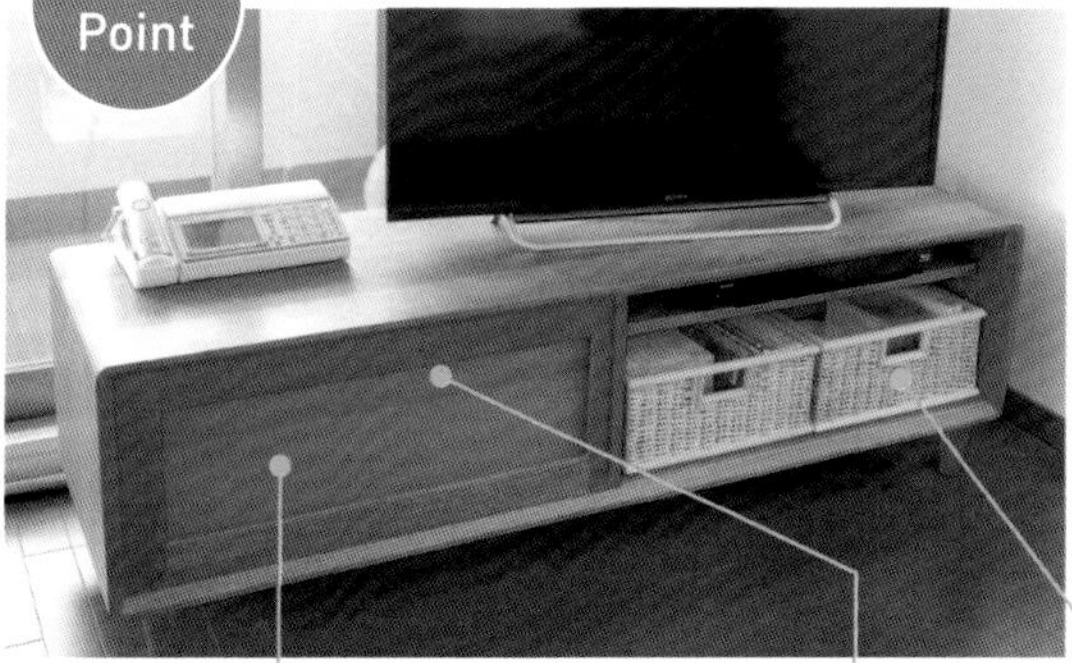

不用品

お子様の年齢に合っていないDVDや、DVDにデータ化した8ミリテープも処分。子どもの物は「今」を基準に選別します。

ボックスを活用

CDを精査したのでスペースが空きました。ダイニングに収納されていたビデオカメラやケーブルをボックスで分類し収納。

区画整理が必須

浅く広い引き出しをボックスで仕切り、コントローラーやケーブルを収納。同じ色、似たケーブルは混ざらぬよう定位置管理を。

DVDは分けて収納

映画やテレビ番組を録画したDVDと、成長記録のDVDは分けて収納。記録用の新品のDVDも一緒に収納しました。

リビング、ダイニングには大人のパーソナルスペースが必要

子どもには、おもちゃコーナーや子ども部屋があるのに、ご主人様や奥様には専用のスペースがないお宅が多いのではないでしょうか？　書斎や家事スペースがあるお宅もあるでしょうが、昔ながらの住宅は、そういうスペースがないことの方が多いようです。家のどこかに個人の専用スペース、収納スペースはあると思いますが、是非、**リビングまたはダイニングにも、大人のパーソナルスペースを作って欲しいのです。**

そういうスペースがあれば、個人宛てに届いた郵便物を入れたり、読みかけの本を入れたり、仕事の資料を入れたりすることができます。何か作業をしていて、一時中断しなければいけない時も、サッと仕舞える、物の緊急避難所的な場所があれば便利です。

よくあるのが、「また読みかけの本がダイニングテーブルの上に出しっぱなし！」「ちゃんと片づけないんだから！」とご主人様が出しっぱなしにした私物に対して不満を漏らす奥様。お気持ちはよく分かりますが、ご主人様は他の部屋にある専用スペースに仕舞いに行くのは面倒なんです！　仕舞う部屋があっても、リビングやダイニングで読みたいので、一度仕舞って、また持ってくるのが面倒……私自身がそうなので、ダイニングに私物スペースを設けています。

NGあるある

数年前の紙、役目が終わった紙、長年なんとなく置かれたままの紙に全て目を通して処分しました。

パーソナルスペースは、引き出し１つ、ボックス１つのような、小さなスペースで充分です。不公平にならないよう、奥様のスペースも設けましょう。理想はＡ４のファイルや雑誌が入るスペースですが、封筒が入るくらいの小さなボックスでも大丈夫です。無いよりある方が良い、それがリビング、ダイニングのパーソナルスペースです（Ｃさんのお宅は82ページの私物ボックス）。

紙の全捨て禁止！

紙の整理作業は大変ですが、１枚１枚必ずチェックしてから処分してください。整理収納作業の現場では紙の間に、忘れ去られた封筒が発見されることが多々あります。今まで封筒の中から、現金はもちろん、商品券や図書カード、テレホンカード、クオカード、切手、トラベラーズチェック等々、お金に代わるものを発掘しました。少々憂鬱な紙の整理作業も「埋蔵金が発掘されるかも？」と思うと、１枚１枚丁寧にチェックしますし、やる気もＵＰ！「我が家に限ってそんなことはない！」と思っている人も大勢発掘していますから、騙《だま》されたつもりでチェックしてみてください。発掘したらラッキー、しなければ今までご自身の管理がきちんとしていた証拠です。胸を張ってください！

使用する頻度の少ない書類が特等席に……分散収納で管理がしにくい状態

年に1度も見返さないマンションの管理規約や住宅設備の説明書がダイニングの一番いい場所に分散して収納されています。これではきちんと管理できているとは言えません。ファイルもバラバラで統一感がなく、探すのにも一苦労。

書類は使用頻度によって収納する場所を変える

本来、ファイリングすべき物は、①何度も見返す物、②保管する必要がある物のみです。

①何度も見返す紙は人それぞれ違いますが、学校の手紙や検討中のパンフレットや仕事の資料ではないでしょうか。それらは、リビング、ダイニング、キッチンのそばに収納します（Cさんのお宅は、キッチンが便利との希望でキッチンに）。

②保管する必要がある物は、毎年やってくる税金の納税証明（金融機関からの領収書）やねんきん定期便くらいです。それ以外、家電の取扱説明書や保険関連の約款《やっかん》はトラブルがあった時しか必要ありません。保管場所さえ分かっていればOKです。

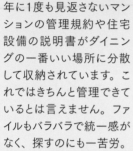

収納Point

書類はファイルボックスで管理

同種類の書類をまとめてファイリング。関連するものをまとめてファイルボックスに入れて管理します。ファイルにはラベルライターで作ったラベルを貼っておけば、探すストレスから解放されます。

使用頻度で収納場所を決める

Cさん宅では、ラベルライターの使用頻度が少ないとのことでしたので、ファイルボックスに入れ、廊下に収納しました。

「いつも使う」、「あまり使わない」で分類し、使用頻度の低い物は別の場所に収納

何度も見返す学校からの手紙、毎年必ず届く税金関係、年金、保険の控除証明書を収めるファイルはキッチンに（写真上）。それ以外は全て廊下の収納へ移動させて、ダイニングとキッチンに集まっていた書類をすっきりさせました。

収納場所に決まりはありません。よく使う物、そうでない物は各家庭によって違うので、それぞれのご家庭に応じて収納場所を決めましょう。例えば、リビングでドライヤーを使うなら、リビングにドライヤーの収納場所を設けて良いのです。

無印良品のファイルボックスがベスト

家庭の書類のファイリングは、無印良品のファイルボックス・スタンダードタイプ　ホワイトグレー（10㎝）がマスト。他社のファイルボックスは内寸が若干小さい、または大きすぎるため、使いづらい。紙のファイルボックスは出し入れするごとに劣化するのでNG。ファイルボックスは値段で選ばず、機能で選んでください。

本当に必要な紙はわずか。紙の整理は一番簡単な片づけです

全ての紙を見直すと、本当に残すべき紙は少ないことに気づきます。「とりあえず」「何となく」「不安だから……」と、紙の処理を後まわしにしていくと、積もりに積もって処理する気も失せてしまいます。毎日きちんと紙と向き合っていれば、紙の整理は一番簡単な片づけになります。

左ページに残すべき書類をまとめてみました。ご家庭によって異なる部分はあるかと思いますが、まずは一覧を参照しながら、書類の整理を始めてみましょう。一度整理をし、きちんと分類して収納すれば、安心です。「あの書類、どこにあったっけ？」「このあたりにあったはずだけど……」という不安もなくなりますよ。

また、「紙を家に入れない」ことも重要です。ポイントカードを作る、会員登録をする、懸賞に応募すると、自ら個人情報を出すことになり、ダイレクトメールが届くようになります。不要な郵便物は、「受け取り拒否」と書き、押印してポストへ（開封していないことが条件）。宅配業者から届く物は開封し、カスタマーセンターに「今後は送らないで欲しい」と連絡しましょう。手間はかかりますが、紙の処理が減りますし、エコにも繋がります。

残すべき書類

税金関連

- 源泉徴収票
- 固定資産税通知書
- 市民税・県民税の通知書
- 自動車税納税通知書
- 控除証明書（保険）
- ローン残高証明書
- ふるさと納税（ワンストップ納税の人は無し）
- 給与明細（紙の人のみ。保管期限を自分で決める）

医療

- 医療費領収書（確定申告をした場合、領収書原本の保管は５年）
- 母子手帳
- お薬手帳（スマホアプリで対応できる）

保険・年金・確定申告・銀行（ネットバンキング）※人別に管理する

- 年金関連書類（手帳、定期便）※ねんきんネットに登録がおすすめ
- 保険証券・約款（医療保険、生命保険、学資保険）
- 確定申告控え（住宅、医療等、種類別）
- 銀 行（ネット銀行）
- 株式投資（銘柄ごとに管理、理想はweb管理）
- 人間ドック結果表、健康診断書
- iDeCoなど（個人型確定拠出年金）

住宅関連

- 登記識別情報
- 火災保険証書
- 地震保険証書
- 住宅ローン関係
- 賃貸契約書類

→ 引っ越す時まで必要ない

※セキュリティーを考え収納場所を考えますが、使用頻度が低いので収納場所が分かっていればOK

※取扱説明書の管理はスマホの「トリセツ」アプリがおすすめです。

04 クローゼット

Aさん

家族構成：夫(50代)・妻(40代)・子ども2人(小学生)

Question お悩み

❶ 収納スペースが狭くて服が入りません

❷ 着たい服がどこにあるのか分かりません

❸ 買ってから着ていない服が沢山あります

❹ 扉のないクローゼットなので埃や虫食いが気になります

寝室の隣にあるクローゼットを、主人と共用で使用しています。春夏物も秋冬物も収納しているので、スペースが足らず、詰め込んでいます。ハンガーに掛からない服は、畳んで下に置いていますが、この棚が使いづらく、着たい服が見つからず、困っています。どこに何があるか分からない状態です。

新しく買った服も沢山ありますが、とりあえず吊しているので、どこにあるか分かりません。T.P.O.に合わせてコーディネートしやすいクローゼットにしたいです。また、このクローゼットは扉がないので、埃や衣類の虫食いが心配です。

Answer
解決法

❶収納スペースを超える量を持ちません

❷季節、アイテム、色で分けましょう

❸把握できる数に減らしましょう

❹虫や埃より湿気対策です

収納スペースが少ない場合は、そのスペースに合わせた服の量にするのが理想です。そうは言っても一気に減らすのは難しいので、まずはスペースを確保することから。

衣類ハンガーは、面倒でも同じハンガーに揃えましょう。薄型ハンガーに替えると、衣類の厚みが減るので、沢山吊せますし、出し入れしやすくなります。

何処に何があるか分からない場合、季節で分けた後、アイテムと色でまとめて収納することで解決できます。黒いパンツばかり集めてみると、何本持っているか一目瞭然。ダブる物は手放せるかもしれません。

服と服との間に隙間ができるようにして湿気対策もしましょう。

衣類の整理・収納成功の手順

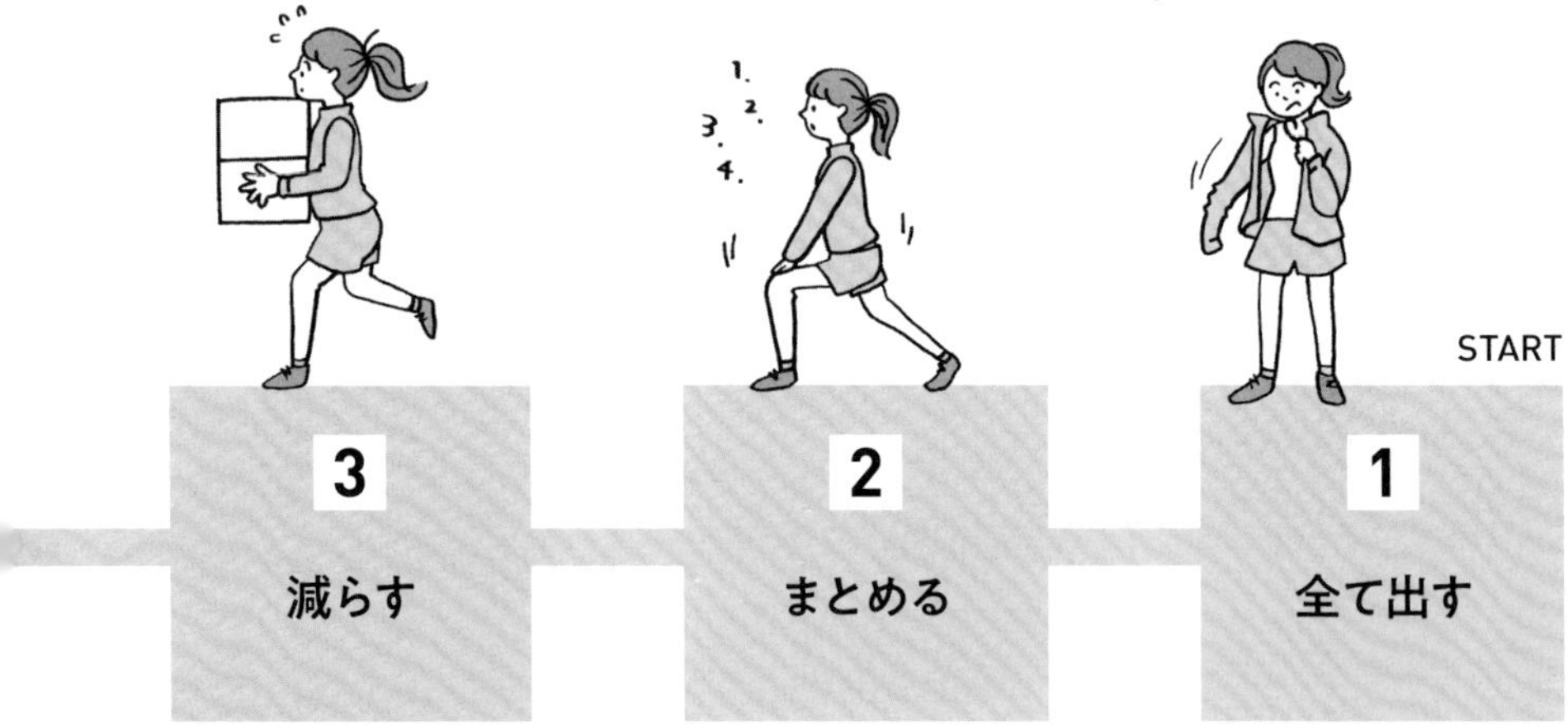

持っている衣類を残らず集める

全て服を出します(下着は別)。家の中のあちこちに分散していませんか？　今の季節の物、季節外の物も全て出しましょう。後で「忘れてた！」ということのないように、家中パトロールしてみて！　クリーニング店に預けた物も確認してください。

カテゴリーごとに集め、季節でまとめ、色ごとに集める

例えば、①ワンピースばかり集める、スカートばかり集める、②それぞれのアイテムを季節で分ける、③それらを同系色、柄物、というようにまとめて細分化していきます。ここまでするのは面倒ですが、細分化すれば、同じような服が沢山あることが分かり、減らしやすくなります。

着て外出できない物は手放す

細分化したら、次は精査します。毛玉だらけ、プリントが剥げている、破れ、色落ち、色移りは傷んだ服なので処分の対象。似たような物は1枚に厳選。着る、着ないで迷ったら、試着して、すぐに外出できる服だけ残してください。電車に乗って行けるか？　を基準にしましょう。部屋着に格下げはダメ。全てが部屋着になる可能性があり、減りません。

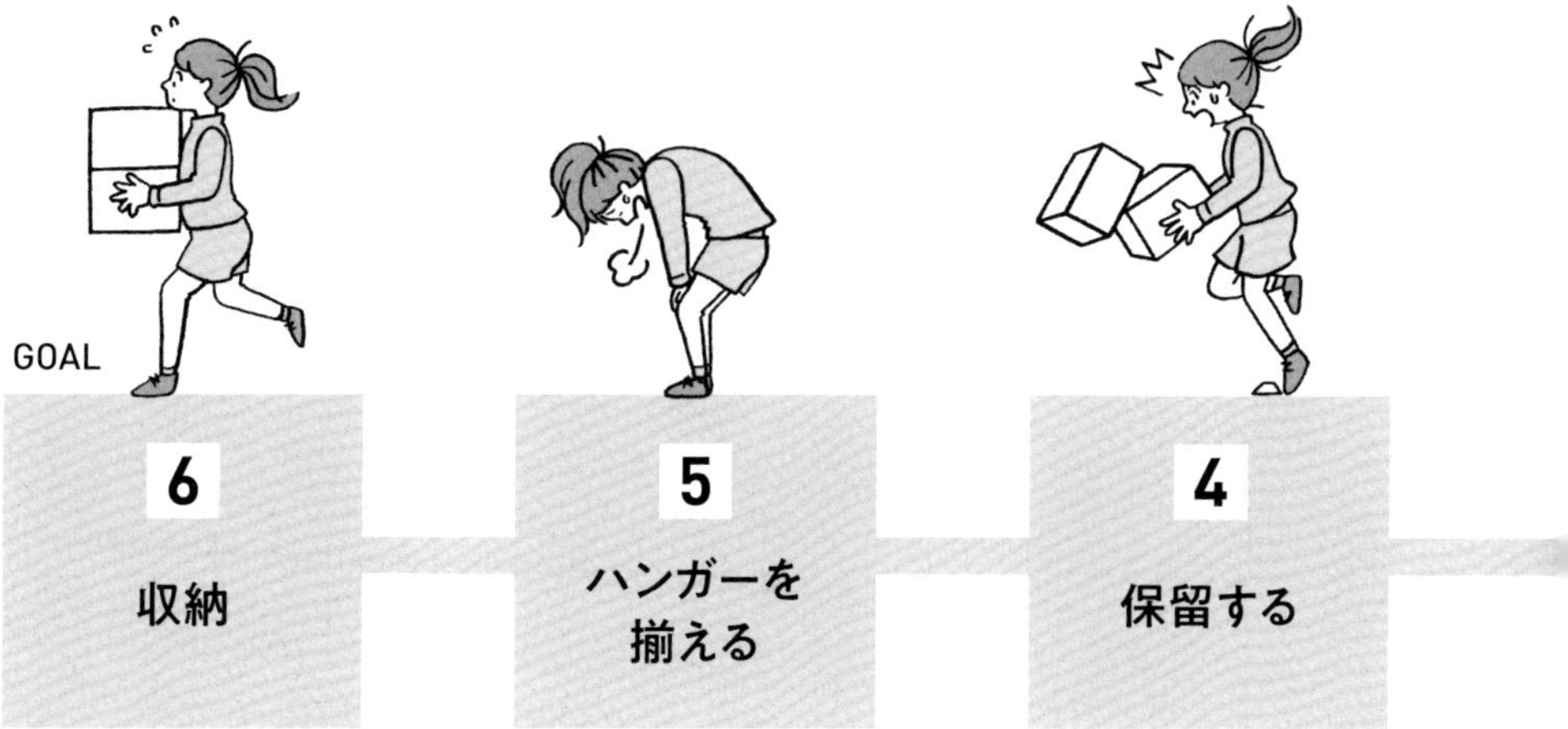

迷う服は期限を決めて保管

着る、着ないが決められないなら、紙袋に入れて封をします。そして紙袋に1ヵ月先の日付を記入して保管します。1ヵ月間封を開けなければ、着たくならなかったわけですから、必要のない服です。封を開けずに手放しましょう（1ヵ月封印の対象はオンシーズンのアイテムのみ）。

ハンガーなど、収納グッズを統一する

もしバラバラのハンガーや、クリーニング店のハンガーを使用しているなら、思い切って、同じ物に揃えてみてください。ハンガーを統一すると無駄なスペースが減り、取り出しやすくなります。収納グッズは投資です。揃えて、きれい、美しい、出しやすい！　を体感すると元には戻れなくなりますよ。

現在あるスペースに収まるだけの量にして収納

減らした後の収納は簡単！　畳むか、ハンガーに吊すかのどちらかです。スペースに収まらないなら、もう一度①からやり直し。「衣類が増えたら収納ケースを買う」のではなく、「衣類が増えたら減らす」が正解。収納スペースに合わせて衣類の量を管理します（家族が増えた時は別）。

どこに何が入っているか分からない

吊せなかった衣類は畳んで棚に入れていますが、収まりきれず棚の上に山積みに。

隙間なく服が掛けられているクローゼット。どこに何が入っているか分かりません。

季節の変わり目に衣類の見直しは必ず行う

衣類が増えてしまった原因は、今まで何年も季節の変わり目に衣類の整理をしてこなかったから。何処に何があるか分からない状態なので、ついつい新しい衣類を買い……悪循環に。これを断ち切るには、衣類を見渡せるようになるまで、量を減らすこと。衣類は流行に囚われるのではなく、年齢に合わせて取捨選択します。歳を重ね体が変化していくごとに、似合う、似合わないが顕著に表れるので、一度着てみると、残す、残さないの判断が簡単にできます。

扉がないクローゼットは湿気が溜まりにくいので、衣類にとってはベストな環境ですが、衣類がギュウギュウ詰めだと湿気対策が必要。埃が付くからと、クリーニングのカバーを付けたままの人もいますが、必ずカバーは外してください。カバーを付けたままであったためにカビが発生し、そのカビが他の衣類やクローゼットの壁に移ってしまったのを何軒も見てきました。埃や虫対策より、湿気対策が大事です。

今後も「着て外出できる服」を基準に判断

山積みの衣類を1点１点判断することで、かなりの量が減り、棚に収まる量に減りました。

全て出し、1点1点、着る、着ないの判断をしました。迷う物は試着をして確認。

NGあるある

衣類に付いてくる予備のボタンや布。まとめて残している人がいますが99%使われることはありません。１%の例外は、子どもの制服や体操服の共布。制服を破ったり体操服に穴が開いたりすることがあるので、制服関連の付属品は卒業するまで残しておきましょう。

不用品
ゴミ袋4個分！

今まで来ていた服も、１点1点確認してみると、シミが付いた服、傷んでしまった服、自分の中の流行が終わってしまった服……。「今の自分に合わない」と判断した物は処分の対象に。

新品タグ付き衣類

購入したものの、一度も袖を通していないタグ付き衣類が沢山。旬が過ぎたのでリサイクルすることに。

自分で購入した衣類に責任を持ちましょう。それが、衣類が増えないコツです

服を購入し、帰宅したらすぐにハンガーに掛けると思います。その時、商品タグは必ず切りましょう。面倒だからと、着る前にタグを切るのは時間の無駄です。**わずか数秒で解決することは、後回しにしません。**片づけに伺ったお宅でよく見かけるのは、一度も袖を通されていない、昔買った服。購入したまま、タグ付きの状態でハンガーに掛かっているのです。

理由は様々。①タグを切るのが面倒だから　②似合わなかったら返品、または交換するから　③新品かどうか分かりやすいから　④切ったタグや付属品（ボタン等）の管理が面倒だから後回しになる　⑤もし着なかったら、タグ付きの方が売れやすいから。

①タグを切るのが面倒なら、クローゼットにハサミを置きましょう。S字フックにハサミを吊すだけです。これで帰宅後、すぐにタグが切れます。

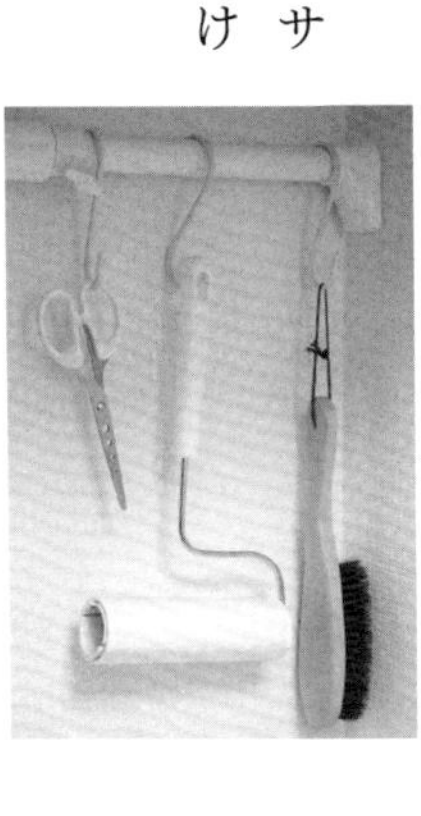

②似合わない服は買わないで！　必ず試着して、納得した服だけ購入しましょう。返品（交換）に行

クローゼットをすっきりさせる条件の1つがハンガーを統一すること。おすすめは無印良品のアルミハンガーです。アルミ素材なので洗濯物を掛けてもOK。干して、乾いたらそのままクローゼットに仕舞えます。パンツやスカート専用のハンガーがあると収納も楽にできます。

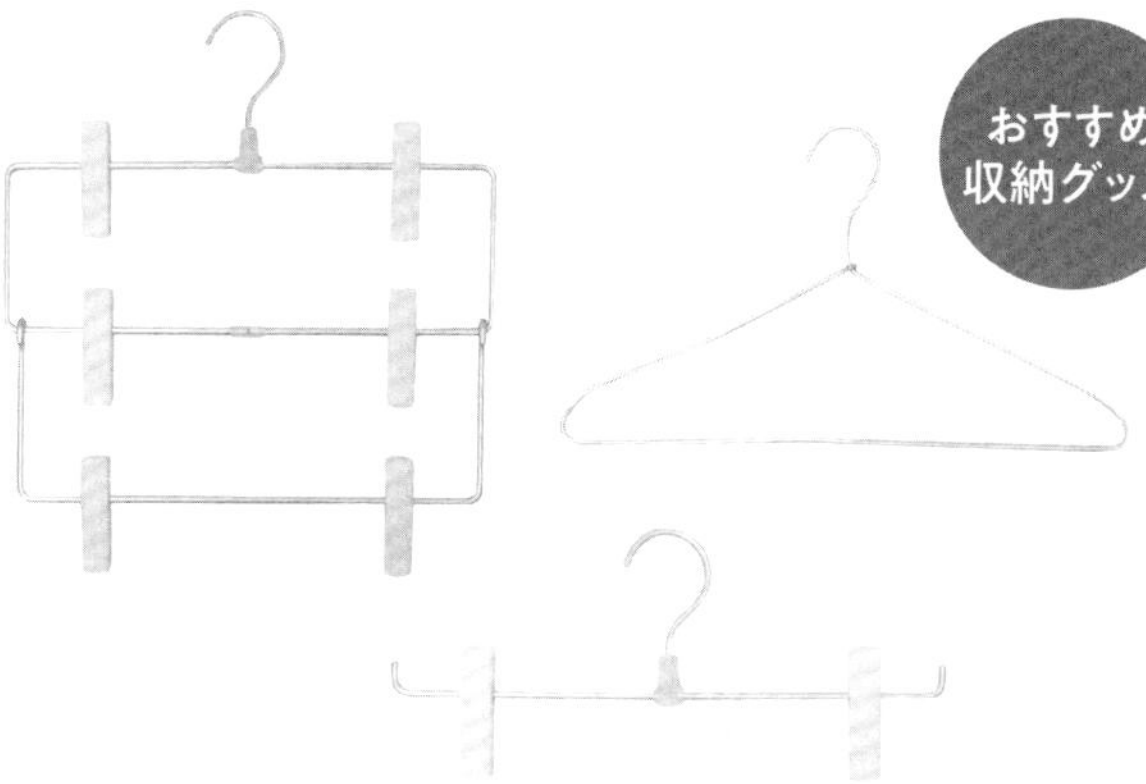

おすすめ収納グッズ

く時間が無駄です。お店の人にすすめられても断る勇気を持ちましょう。

③新品かどうか分からないほど、記憶力が欠如しているなら、付箋に「新品」もしくは購入日を記入して服に貼ってください。または、新品だけ集めた引き出しやスペースを設けましょう。単にタグを外すのが嫌なだけではないですか？購入した満足感は、タグがなくても服を着れば味わえます。

④付属品が処分できないなら、タグと一緒に1つにまとめて収納しましょう。ボタンだけ、糸だけ保管しても、どの服の物が分かりません。タグに付属品をマスキングテープで留めておけば、どの衣類の付属品が分かります。

⑤売ることを前提で購入するのはお金の無駄です。服は着るか、着ないか。着ないかも……と迷う服は今後、買わないようにしましょう。バーゲンでよくこのような服を買ってしまう人がいます。家に入れる物は衣類に限らず、全て使うことを前提で購入しましょう。

タグを切ることは、着るスイッチを入れること、自分の所有物であると証明することです。自分で購入した衣類や物は適当に扱わず、責任を持って欲しいのです。それが物への敬意であり、物が増えないコツです。

衣類の整理、その基準はどうするのが正解？

物の整理の中で、一番難しいのが衣類の整理だと私は確信しています。なぜなら、「また流行るかも……」「まだ着られるかも……」と思う未来の心配と、「〇〇の時来た服」という過去の思い出に心が揺れるから。なので「着る服だけのクローゼット（箪笥）にしたい！」と決意しても、未来と過去に心奪われ、なかなか決断ができないのです。

過去と未来に決着をつけましょう

☑痩せたら着る服（太った時に着る服）（未来）
☑また流行るかもしれない服（未来）
☑3年以上着ていない服（過去と未来）※セレモニー用、マタニティー用除く
☑値段が高かったため、着ていないが手放せない服（過去）
☑思い入れ、思い出のある服（過去）

体形が変わったら、その体形に似合う服を着ましょう。「痩せたら着る服」を残している限り、痩せません。それに、頑張ってダイエットに成功したら、新しい服を買いたくなるはずです。

3年以上着ていない理由は何でしょうか？「体形が変わって着られない」「今の流行じゃない」「着

心地が悪い」など、3年着ていない理由が必ずあります。着ていない理由をじっくり考えてみましょう。3年以上着ていなくても、今日から着るなら処分は不要！ 買ったことを忘れていて、着ていない服だってあります。今日から服に命を吹き込んであげましょう。

昔の衣類の値段は高かったですね。しかし、21世紀になりファストファッションの流行でハイブランドを除く衣類の値段が下がりました（海外で縫製、化学繊維等）。「昔と今は違う」「時代が変わった」ことを認識し、「過去は過去」とキッパリ割り切りましょう。今、着ないのであれば、価値は0円です。思い入れ、思い出がある服は、服ではなく、「思い出の物」です。クローゼット（箪笥）から出して、他の思い出の物と一緒に収納しましょう。

服を整理するメリット

1. クローゼット（箪笥）の中が着たい服だけになる
2. 服が取り出しやすくなる
3. 全ての服を把握できる
4. コーディネートがしやすくなる

フリマアプリを逃げ道にしない！

フリマアプリの大流行で、「不要な物＝出品する」方程式ができあがっているように思います。「不用品を捨てるのは心が痛い」「誰かに使ってもらえるし、お金にもなるから」この気持ちは私もよく分かりますし、私自身、時々出品もします。

作業に伺うお宅でよく遭遇するのは、出品した物が山積み！　それを梱包する資材も山積み！　出品した物、出品予定の物にスペースが侵され、暮らしにくくなっている異様な光景……いつまでも売れず、在庫過多で日常生活のスペースを圧迫しているのです。「物を粗末にしない」その姿勢はとても大事ですが、一番大事なのは、気持ちよく手放すこと！　売れないのであれば、リサイクルショップに切り替える、寄贈する、処分する等、見切りをつけなければ、いつまで経っても不用品の中で生活することに。

出品のポイント

①出品の期限を自分で設定する（1週間～1ヵ月以内。期限が過ぎれば出品を取りやめる、または格安にする）

②出品後の品物はすぐに梱包する（即、発送できるし、梱包資材の在庫を沢山持たなくてよくなる）

③1点出品ではなく、似たような物はまとめて出品する（一度に減る、お得感が出る。※子ども服など）

フリマアプリには多くの購入者がいるのですが、その逆のライバル（出品者）も多くいることを忘れないでください。全て売れる保証はありません。出品するなら、自分の中で期限を設け、1日も早く手放して快適な生活にシフトして欲しいと思います。

「使わなければ出品するから」と、安易に物を買う人もいますが、出品する労力や時間が無駄です。使わないなら、買わなくて良いのです。「失敗の買い物をしたらフリマアプリで売る」以外では、「人にあげる（子どもにあげる）」は、貰った人が断れず、迷惑に思っているかもしれません。自分が手放す罪悪感をなくすために、これらの行為をするのはやめましょう。

物を増やさない為の5ヵ条

バーゲンに行かない
周りの雰囲気に流されて「買わないと損するような気持ち」になるので行かない、買わない。

アウトレットに行かない
バーゲンに行かないのと同じ。それに加え、型落ちやB品は不要。

福袋は買わない
本当に欲しい物だけ買う。中身が見える福袋も付属品が不要な物なら買わない、家に入れない。

粗品は貰わない
使い切れる物、必要な物以外、貰わない。

「〇〇円以上購入したら〇〇プレゼント」に動じない
不要な物が増えるだけ。お得感に惑わされない。

物の持ち方が変わってきた

時代も令和になり、物の持ち方や価値観が大きく変わってきました。

沢山物を持つことが豊かとされてきた戦後、ブランド品を持つことがステータスになったバブル景気を経て、平成後半はミニマリストが流行り、令和ではサブスクリプションサービスが大きく展開（※サブスクリプションとは、消費者が製品やサービスごとにお金を支払うのではなく、それを一定期間利用できる「権利」に対してお金を支払うビジネスモデル）。「所有する」から「定額で使う」持ち方に変わってきています。

最初、このようなサービスがあると知った時は「ふーん……」くらいに思っていたのですが、いざ使ってみるととても便利！　買いに行く手間、時間が省ける、スペースを取らない、管理不要、私にとってはいいことだらけ！

毎月、または毎年、利用金額が必要なサブスクリプションサービスですが、物を持たない快適さ、いつでもどこでも使える便利さは、利用料金以上の価値があると私は思っています。時代の移り変わりと共に、物の持ち方、暮らし方も変化しています。「自分には無理」と思う気持ちを捨て、「できない」「分からない」と消極的になることをやめ、どんな時代にも順応できる、しなやかで身軽な生き方をしたいと思っています（私は利用していないですが、スタイリストがコーディネートしてくれる、衣類のレンタルサブスクリプションや、有名ブランドのバッグレンタル、アクセサリーのレンタル、美容室の通い放題、ワイシャツのレンタル&クリーニング、カメラのレンタル、コンタクトレンズ、カフェ、バー、ラーメン、おもちゃ……様々なサービスが展開されています）。

私が利用しているサブスクリプションサービス

dマガジン

400誌以上の雑誌が月額400円（税抜き）で読み放題。
※読めないページもあります。
（似たサービス：楽天マガジン Tマガジン他）

Amazon Prime

Amazonの買い物の配送料、日時指定便やお急ぎ便の利用も無料。その他、映画やドラマ、アニメが観放題の「Prime Video」、音楽聴き放題の「Prime Music」等、Amazon関連のサービスが利用できる。

Office 365 Solo

Microsoft社のクラウド型のOffice。常に最新版のOfficeが1アカウントで5台までインストールでき、OneDrive（クラウド）も1TB使用できるサービス（Macでも使用できる）。

Apple Music

6,000万曲を広告なしでストリーミング。
PC・Android端末も利用可能。

好きなアーティストがサブスクリプションを解禁したので、CDは全て手放しました。実際、家にCDを再生する機械はなく、ここ数年、自動車の中でしかCDを聴けなかったのです。歌詞カードは見ないし（Apple Musicでは歌詞表示あり）、スペースを取るし……、手放すにあたり、全てのCDを開けてみました。初回限定盤にこだわって集めてきたけれど、そこに未練はなし。ただ1つ、付属のトランプが手放し難く悩むこと半日。何でも手放せる！と思っていた私でしたが、時間が必要でした。トランプを**出して、触って、眺めて、写真に撮ってみて、「今後、持っていても使わない」と判断**し、手放しました（買い取り業者に出しました）。

※2020年1月現在の情報です。

ライフステージにより物の持ち方が違う

あなたは今、どのステージに立っているでしょうか？　ライフステージによっては、物を手放せない時期もあります。独立、就職、結婚、出産、別居、同居、死別など、家族構成やライフスタイルによって、暮らしは常に変化していきます。

その時その時のライフステージに合わせて、持ち物を調整し、対応していくことが大事です。乳幼児を抱える共働き家庭は、おむつや食品のストックは欠かせませんし、身軽な二人暮らし世帯でも、若い世代と中高年世代では、物の種類も量も違うのです。

家のサイズに合わせた暮らし方と物の持ち方をバランスよく調整していくことが大事であり、やみくもに物を減らすだけが快適な生活になるわけではありません。ご自身やご家族にとっての本当に必要な物、気に入っている物を見極めましょう。家族の同意なしに、勝手に物を処分することもＮＧです。

あなたの背中を押します！

物とのお別れ＆手放し方事典

＊アイテム別五十音順

「これどうしたらいいの？」と
相談を受けることの
多い物について、
整理の仕方をご紹介します。

【あ】

アクセサリー

長年つけていない物は、潔くお別れを。磁石にひっつく物は、メッキです。磁石につかないジュエリーは、貴金属買い取り専門店へ。アクセサリーならリサイクルショップまたはフリマアプリへ。

【い】

位牌

三十三回忌を過ぎたらお焚き上げをし、先祖代々の位牌に合祀するのが原則。三十三回忌以前の場合、2つの方法があります。

①宗派と開眼供養をしているか確認します。宗派や地域によって開眼供養を行わないところもありますが、行っている場合は必ず閉眼供養を行います（魂抜き、お性根抜きとも言う）。閉眼供養は、菩提寺の僧侶に依頼をします。菩提寺がない場合は、仏具店や葬儀社に問い合わせを。閉眼供養後は通常、菩提寺または近くのお寺でお焚き上げしますが、一般ゴミとして処理することができます。「閉眼供養」とWebで検索すると配送業者が集荷に来てくれるサービスもあります。

②位牌の形を残したまま永代供養に出す方法。永代供養の年数は寺院によって異なりますが、33年後お焚き上げ等の廃棄処分をすることが多い。どちらも菩提寺または近くのお寺、仏具店、葬儀社に相談を。

遺品

残したい物だけに厳選を。物がなくても思い出は消えないから数は沢山要りません。リサイクルできる物はリサイクルショップへ。傷んでいる物は処分を。

医療費の領収書

1年間保管。医療費控除の確定申告をした場合は5年保管します。「医療費のお知らせ」は領収書の代わりにはならないので処分可。

【え】

エアキャップ

使う予定が決まっていないなら、処分しましょう。フリマアプリの商品を配送する場合、出品後すぐに梱包し、エアキャップは必要以上に残しません。どうしても残したい場合は、収納スペースを決め、その中に入る量のみにします。

エアコン

家電リサイクル法対象品。（※② 125ページ参照）

エコバッグ

よく使うバッグに忍ばせておきましょう。沢山あるなら、自家用車内や職場に置いてみるのもアリ。旅行鞄に入れておくのも。それでも多い場合は処分。

ＭＤプレイヤー

小型家電リサイクルできます。（※①　１２５ページ参照）

延長コード

小型家電リサイクルできます。（※①）

【お】

帯

テーブルランナーやテーブルクロス、コースター等にリメイクできます。リメイクできないなら買い取り専門店へ。

オーブントースター

小型家電リサイクルできます。（※①）

お守り・お札

神社、お寺に返しましょう。神社、お寺の「古札納所」「納札所」「返礼所」に納めます。（名称は神社、お寺により違う）

【か】

絵画

飾りましょう。飾るスペースがなければ寄贈または古美術買い取り専門店へ。それができないなら、潔くお別れを。

懐中電灯

防災も兼ねて各部屋に置きましょう。それでも余る場合は、小型家電リサイクルへ。（※①）

家具

使いづらいなら処分。１９９０年頃までに作られた日本製の家具は海外で売れる場合も。エステートセールに出してみましょう。（※③　１２５ページ参照）

掛け軸

季節に合わせて飾りましょう。飾らないのであれば、古美術買い取り専門店へ。

カセットテープ

カセットテープの音源をＭＰ３に変換してデジタル化する変換機があります（ＵＳＢやＳＤカードに保存）。ＣＤやＷＡＶにデータ化してくれる業者もあります（１本２０００円前後）。

家族の物

家族の物は勝手に処分してはいけません。強要するのはかえって逆効果。家族がいる時に自分の物を整理してください。きれいはうつります。すぐにはうつりませんが、きれいが見えてくると自然と家族にもうつります。手出ししない、待つ、「きれいはうつる」と信じる。

形見の品

厳選しましょう。処分する（捨てる）時に気になる場合、白い紙に包んで（半紙が理想）塩を一つまみ入れて処分します。

神棚
神棚と中のお札を神社に持参し、ご祈禱後、お焚き上げしていただく。神社に行けない場合は、宅配で神棚販売店、神棚処分専門業者に依頼することも可。

紙袋
ハイブランドの紙袋はブランド品買い取りショップで買い取ってくれます。家に放置するより、リサイクルに出してみては?

カラーステイ(シャツの襟の芯)
シャツの数より多くないでしょうか?シャツとカラーステイの数が同じになるか確認。余った物は処分。

借りている物
持ち主に返しましょう。直接会えないなら、郵送で返しましょう。ご縁がなくなって返す当てがないなら潔く処分(本、CD、保存容器等)。亡くなられた場合は、ご家族に返却を。

缶
可愛い缶や瓶、空のまま「とりあえず」残しません。空気の収納は不要。何か収納して使用しているなら処分する必要はありません。

【き】

気がかりなこと
気になっていることは、すぐにサクッと処理しましょう。片をつけること=片づけです。物だけでなく、情報や心の整理もしましょう。

切手
換金できないので、使い切りましょう。①郵便やゆうパックで手紙や荷物を送る際に使用。②不要な切手やはがきは郵便局で希望の額面のものに交換してもらうことができます(1枚につき5円の手数料が必要)。③未使用切手、使用済み切手を寄付することもできます(公益財団法人ジョイセフ、公益財団法人日本郵趣協会、特定非営利活動法人ハンガー・フリー・ワールド等)。

着物
着ないなら処分かリメイクで活用を。お茶箱、日傘、バッグ……等様々な形にリメイクできます。リサイクルもできますが価格は期待できません。

給与明細
紙、データとも、自分で保管期限を決めて、その後処分しましょう。

【く】

薬
使用期限が切れた物は即、処分。1年に一度は見直しましょう。病院で貰った薬は飲み切ること。複数ある物も処分を。

口紅
似合わない色の口紅（リップ）は、未使用ならリサイクル店に持参するか、フリマアプリの活用を。

靴ずれする靴
足を痛めるだけなのでお別れしましょう。リサイクルショップで買い取ってくれる場合もあります。

靴磨きセット
使っていないなら処分しましょう。ホテルのアメニティを沢山持ち帰らないこと。

グラス
花を生ける、ペン立てにする等、飲み物を飲む以外の使い方も考えてみて、他に活用法がなければ、処分しましょう。

勲章
ご本人の物でなくても、家族の物は名誉です。先祖代々受け継いではどうですか？ 大切に保管しましょう。

【け】

携帯電話
小型家電リサイクルできます。（※①）中のデータはＳＤカードに移行して消去すること。電源が入らない場合は携帯電話ショップのイベントで充電してもらえる場合があります。また、電気通信事業者（キャリア）によっては、データ抽出サービスをしているので確認を。

毛皮のコート
今のファッションに合うようリメイクしてみるのがおすすめ。毛皮専門のリメイク会社が沢山あります。着ることがなく、リメイクもしないなら、毛皮買い取り専門店へ。

源泉徴収票
永久保管が望ましい（社会保険の総支払額が記載されているため）。

【こ】

工具
粗品でいただく小さな工具。沢山あるなら厳選し、不要な物は処分ましょう。

コスメの試供品
1年以内の物であれば毎日使って減らしましょう。1年以上前の物は肌が傷む可能性もあるので処分を。

ゴルフ道具
新品のボールはリサイクルショップへ。ゴルフクラブ等は、ゴルフ用品販売店で買い取ってくれる場合があります。

壊れていない物
壊れていない物でも、今使っていない物は手放しましょう。思い出の物だったら思い出箱に保管を。それ以外はリサイクル、または処分を。

婚礼箪笥

「親に買ってもらったから」という理由で嫌々使うのは間違い。ご両親が健在なら、処分したい意を伝えてみて。子どもが嫌々使っているのをご両親が知れば……。ご両親が他界されているなら、ご自身で判断を。「高かったから」「親が買ってくれたから」、その思い、しがらみも一緒に捨てましょう。１９９０年以前に作られた日本製の家具はエステートセールへ。（※③）

【さ】

座布団

普段全く使わないのなら手放してしまいましょう。近くの公民館、集会所で引き取ってくれる場合もあるかもしれません。

三角コーナー

調理中のゴミを溜めるための三角コーナーは雑菌の温床。生ゴミはビニール袋や排水口ネットを利用するか、新聞紙に包んで捨てましょう。三角コーナーをいきなり処分するのが不安な場合、１週間ほど、なしの生活を試してみて。

3年以上着ていない服

3年以上着ていなければ、これからも着ません（セレモニーの服除く）。体形が変わった、似合わない、着心地が悪い、流行でない等、着ない理由を考えて、処分。またはリサイクルショップへ

【し】

CD

プレイヤーがないなら、ＰＣにＣＤを取り込んで、ＣＤは処分をし、音源をクラウド（Google Play MusicやiTunes Matchなど）で保管する方法もあります。現物はリサイクル、または処分を。

直筆サイン

気に入っているなら飾りましょう。気に入らなければ処分、または思い出ボックスへ。

市税の領収証

7年で処分（課税した税金の徴収権の時効は5年、市がさかのぼって課税できる期間は最高7年）。

下着

白い紙に包んで捨てる、または紙袋に入れて捨てる。外から見えないようにしましょう。可燃ゴミで処分。

自転車

自治体の処理方法に従います。または自転車専門のリサイクル業者に出します。

写真

厳選して輪ゴムでまとめ、白い紙（半紙・コピー用紙）に包んで可燃ゴミへ（破って

処分しない)。スキャンしてデジタル化してから処分しても。

ジャニーズグッズ

ジャニーズグッズを専門に買い取る業者があります。

ジャムの空き瓶

使う日、用途が明確なら残しましょう。決まっていないのなら、全て捨ててリセット。必要になれば100円ショップでも購入できます。

収納グッズ

物が減れば収納グッズは必要なくなります。これから増やさない! と決意して処分しましょう。

収納本

この本も含め、読んだだけで片づけた気になっていませんか? 家がきれいになったなら、この本は必要ありませんので、処分してください。

賞状

努力の証です。処分してしまった場合、再発行してくれません。残すか? 処分するか? スキャンしてデータ化するか? 決めましょう。残す場合は賞状専用のファイルで保管するのがおすすめです。

食品

いただき物の量が多い、家族で消費できない場合は、近所におすそ分けするかフードバンクへ。

※フードバンクとは、余っている食品を持ち寄り、必要とする家庭などに提供する活動および団体。米、缶詰、レトルト・インスタント食品、調味料、乾麺、菓子等、未開封で賞味期限まで1ヵ月以上ある冷蔵・冷凍が必要でない食品。近くの自治体または農林水産省に問い合わせを。

書類

1年以上使用していない物は処分しましょう。不安であればスキャンしてデジタル化して残します。可燃ゴミで処分。

白無垢

白無垢は色無地に染め替えることができます。お子様や親戚に受け継ぐことができない場合は、お近くの劇団の衣装に寄贈されてはどうでしょうか?

【す】

水槽

今後、水生生物を飼わないなら潔く手放しましょう。水槽買い取り専門店があるのでリサイクルしてみては?

スーパーのレジ袋

変色していませんか? 古い物は処分して。スペースを決め、そこに入る量だけ残すよう数を減らします。

スケジュール帳

①保管期限を自分で決めます。②思い出として残すならまとめて保管を。スケジュールアプリを使えば管理しなくて済みます。スキャンして処分も一つの方法。

スパイス

しばらく使っていないスパイスには虫がわいている可能性もあるので即、処分を。特にハーブ系のスパイスは虫がわきやすいので冷蔵庫保管が必須（七味唐辛子、ハーブ系ソルト等）。

スマートフォン

データを初期化し、小型家電リサイクルに出します(※①)。または買い取り専門店で買い取ってもらいます。

スマホケース

使わないケースは処分しましょう。不要です。

【せ】

税金の領収書

納税の領収書は5年保管。5年以上前の物は不要なので処分を。

石油ストーブ・石油ファンヒーター

中の灯油を使い切り、電池があるタイプは電池を外してから処分。灯油が残っている場合は最寄りのガソリンスタンドに引き取ってもらう。自治体の処分ルールに従ってください。

石鹸

入浴で使用しないなら、箪笥やクローゼットに入れて芳香剤変わりにしてみては？ その場合は湿気にご注意。乾燥剤とともに置くようにしましょう。

説明書

大型家電、カメラ、パソコン、プリンターの説明書は残しましょう。リサイクル業者に売る際、説明書付きだと若干高く売れます。電卓、マウス、目覚まし時計等の小型家電の説明書はスキャンして処分。または、ＷｅｂからＰＤＦの説明書をダウンロードしてデータで保管します。

洗剤

古い洗剤は処分。汚れてから掃除しようとすると強力な洗剤が必要になるので、マメに掃除して、洗剤の種類を減らしましょう。処分する時は、牛乳パックに新聞紙やボロタオルを敷いた後、洗剤を入れて処分します。

洗濯機・衣類乾燥機

家電リサイクル法対象品。(※②)

【そ】

卒業アルバム

何度も見返すなら残しましょう。富士フイルムやカメラのキタムラでは、コンパクトなフォトブックにしてくれるサービスもあります。見ない、見たくないなら処分を。

卒業証書
最終学歴の卒業証書は残しましょう。卒業証明書を発行してくれますが、手数料がかかりますし、私学の場合、少子化の影響で閉校する可能性があります。その場合、証明書の発行は期待できません。公立の場合は統廃合がありますが、役所に問い合わせることが可能です。再就職や国家試験を受ける場合、卒業証明書が必要な場合があります。高校以上の卒業証書は残しましょう。

【た】

体重計（ヘルスメーター）
デジタルタイプなら小型家電リサイクルできます。（※②）

タウンページ（NTTの電話帳）
インターネットで閲覧できます。スペースを取るので処分しましょう。

タオル
掃除に使おうとためこむのはNG。掃除用に1～2枚のみ残して処分。捨てるのが嫌なら動物病院に寄贈してみては？

箪笥
使わないのであれば、思い切って処分を。1日も早く家から出しましょう。歳を重ねてからでは、処分する気力、体力がなくなります。1990年以前に作られた日本製の家具はエステートセールへ。（※③）

段ボール
ネットショップの利用でついつい溜まってしまう段ボール。ゴキブリが段ボールに卵を産むので、長期間家に置いておくということは、ゴキブリを飼うことに……。早急に処分を。

【ち】

彫刻刀
子どもが学生の時に使っていたものがありませんか？　今後も使用しないなら処分を。

【て】

手紙
スキャンしてデータ化。現物を持つ場合は厳選して1ヵ所に集めましょう。

テニスラケット
古い物はガットの張り替えが必要。使わないなら処分しましょう。

テレビ
家電リサイクル法対象品。（※②）

電気ポット

小型家電リサイクルできます（魔法瓶は不燃ゴミへ）。（※①）

電気シェーバー

日本製はリサイクル店で買い取ってくれる場合があります。小型家電リサイクルもできます。（※①）

電源コード

小型家電リサイクルできます。（※①）

電子辞書

小型家電リサイクルできます。（※①）

電子手帳

データを消去後、小型家電リサイクルできます。（※①）

電子レンジ

動く場合はリサイクル店で買い取ってくれる場合があります（家電高く売れるドットコム https://www.kaden-takakuureru.com/）。処分する時は自治体の処分ルールに従ってください。

電池

アルカリ乾電池、マンガン乾電池、リチウムコイン電池（記号がCRまたはBRのもの）、コイン形リチウム電池は自治体のルールに従ってください。ボタン電池、小形充電式電池（リチウムイオン電池、ニカド電池、ニッケル水素電池）はリサイクル協力店（電器店）に設置されている回収箱へ。電極にテープを貼り絶縁して出します。

電動歯ブラシ

ブラシは処分し、本体を小型家電リサイクルへ。（※①）

電話機

小型家電リサイクルできます。（※①）

【と】

ドライヤー

小型家電リサイクルできます。（※①）

【な】

何か分からないコード

本当に必要なコードなら余っているはずがないので処分しましょう。必要な時は大抵１００円ショップで購入できます。

【に】

日記

思い出として残すならまとめて保管しましょう。読み返さないのなら、処分を。

人形

ひな人形等の日本人形は寺社の人形供養に出しましょう。インターネットで「地名」「人形供養」で検索して供養してくれる所を見つけます。葬儀会館でも人形供養をしてくれる場合があります。

【ぬ】

ぬいぐるみ

一つまみの塩と一緒に、顔を傷つけないように、紙袋等に入れてから可燃ゴミへ。思い入れが強い場合は人形供養に出してみて（リカちゃん人形やバービー人形も同じ方法で）。

布

老後に縫おうと残している布。今すぐ縫わないなら一度リセットしてみましょう。フリマアプリで売れる場合もあります。それができない場合は処分を。

【ね】

年賀状

保管年数を決めて、それより古い物は処分を。スキャンし、データ化して現物を持たないのがベスト。未使用、または書き損じた年賀はがきの交換は郵便局に問い合わせを。

【の】

ノベルティグッズ

無料の物でも捨てる罪悪感を持つので貰わない、家に入れないこと。不要な物は、フリマアプリで売る、または処分を。

【は】

箱

家電やパソコンの購入時の箱は不要です。パソコンを修理に出す時は、専用のボックスを用意した専用の宅配業者が回収に来ます。ゲーム機の箱はリサイクルに出す時、箱付きの方が価格が若干高くなりますが、500円程度です。ただし、扇風機は仕舞う時、分解して箱に閉まった方がコンパクトに収納できるので、残します。それ以外は処分。

パソコン

2003年10月以降に発売されたパソコンにはリサイクル券がついています。メーカーに問い合わせし、処理しましょう。または小型家電リサイクルを行っている自治体・大型電気店での回収もあります。※リネットジャパン https://www.renet.jp/ では無料回収も行っています。

8ミリテープ（ホームビデオ）

デジタル化する、または処分を。本体は小型家電リサイクルへ。（※①）

バッグ

ブランド品やデパートブランドのバッグなら、リサイクルショップで買い取ってくれます。使うバッグのみ残しましょう。

発泡スチロール

発泡スチロールの容器は、釣りで使う、アイスクリームを運ぶ等、用途が明確なら残しますが、それ以外は処分を。

ハローページ（NTTの電話帳）

インターネットで閲覧できます。スペースを取るので処分しましょう。

パワーストーン

購入店に相談を（引き取ってくれる場合がある）。土に返すのが一般的ですが、自宅の敷地内、所有する土地に限ります。公園や山に埋めることは不法投棄に当たるので注意を。一般ゴミに出す場合は、塩と一緒に白い紙に包み、感謝して処分しましょう。

パンについている針金

「ビニタイ」といいます。「何かに使えるかも」と残しておきがちですが、使う目的がないなら処分しましょう。

【ひ】

PHS

小型家電リサイクルできます。（※①）中のデータは、USBケーブルを使ってパソコンに移行できる場合があります。PHSのメーカーに問い合わせてみましょう。

ビデオカメラ

小型家電リサイクルできます。（※①）

ビニール傘

沢山ある場合、家族の人数分だけ保管。自動車にのせておく、仕事場に置いておくなど、不意に必要になる場合に備えておく以外は処分。または使ってくれる駅などに寄贈を。

ひびの入った食器

潔く処分を！　いつ割れるか分からないので危険です。「セットの食器だから」と残す場合は、金継ぎで修理しましょう。

美容器具

使っていないなら「今度から買わない」と決意して処分を。リサイクルショップまたはフリマアプリへ。

便箋

可愛いからと趣味で集めた沢山の便箋。手紙を書いて使いましょう。使わないならメモ用紙として使います。または思い切って処分を。

【ふ】

ファックス

小型家電リサイクルできます。（※①）

VHSテープ（ビデオ）

大型電器店やカメラ屋さんで、中のデータをDVDやBlu-rayに変換してくれるサービスがあります。デジタル化した後、処分。

服

着て外出できる服のみ残す（セレモニー・マタニティー除く）。リサイクルショップへ、または処分。

不祝儀袋

地域によりますが、葬儀で香典を辞退される人が増えました。沢山用意しておく必要はありません。少量にしましょう。残す枚数を決めること。

仏壇

位牌と同じ。110ページ参照。

布団

来客用布団は1年に何度も泊まり客がないのなら、処分。貸布団の方が、管理が楽です。処分する時は自治体のルールに従って。

古い世界地図

国名が変わっているので実用性はありません。「思い出」「記録として」と思うなら残しましょう。

古い歯ブラシ・ブラシ

掃除用に沢山残している場合、マメに掃除して処分しましょう。マメに掃除しないなら、沢山のブラシは不要です。

文集

子どもの文集、自分の学生時代の文集、年に何度読み返すでしょうか。自分（子ども）の所だけ切り抜く、裁断してスキャンする、撮影して残す。現物を残しておかなくても大丈夫です。あなたにとってベストな方法を見つけてください。鮮明に残したいならスキャンしてデータ化するのがベストです。pdf化してクラウドに保管すればPCやスマホからいつでも見ることができます。

【へ】

ヘアアクセサリー

沢山持っていても頭は一つです。よく使う物だけに厳選を。セレモニー用の特別な物はセレモニーグッズと一緒に収納しましょう。

へその緒

命と命の絆です。大切に保管しましょう（自分のへその緒を棺に入れる地域もあります）。

ペットグッズ

餌、服、おもちゃ、沢山必要ですか？「ついつい……」と増やさないよう注意が必要です。厳選して処分を。

ヘッドホン

小型家電リサイクルできます。（※①）

ベビーカー

日本製のベビーグッズは安全基準が高いので海外でリサイクルされています。お近くのリサイクル店に出して見てはどうでしょうか？

ペン類
好きな物、書きやすい物から選んで残しましょう。処分または文具の寄付もできます。「エコトレーディング」は宅配便で送ることができます（送料は自己負担）。

【ほ】
ポイントカード
6ヵ月以上行っていないお店のカードは即処分。スマホのアプリに切り替えられるものは切り替えましょう。

包装紙
いつ使うか決まっていますか？ 決まっていなければ処分を。ただなんとなく持たないこと。

ボール
バレーボール、サッカーボールは空気を抜いてコンパクトにしてから処分します。自治体の分別ルールに従ってください。

保証書
説明書の後ろにマスキングテープで留めて保管します。購入時のレシートもあると次に購入する時の価格の目安になります。

保存容器
蓋が閉まりにくい、隅が変色している物は潔く処分を。同じシリーズに揃えると使いやすく収納しやすくなります。違う種類が沢山ある場合は、統一して使いやすくしましょう。

保冷剤
冷蔵庫で保管する数を決めましょう（我が家は3個。冬と夏で保管の個数を変えても）。決めた数以外は、処分する、または封を切り、グラスやジャムの空き瓶に入れアロマを垂らし、消臭剤にリメイクを。

保冷バッグ
家族の人数より多くは要りません。厳選しましょう。不要な物は処分。

本
初版本等、貴重な本でも読まないのであれば処分しましょう。沢山の本、読み返す時間はありますか？ グルメ、旅行、金融、保険、デジタル、検定等、時代の流れと共に変化する本は、実用性がなくなります。使用後は1日も早くリサイクルに出した方が高く売れます。図書館に寄贈する場合は必ず確認すること。

【ま】
マウス
小型家電リサイクルできます。（※①）

【む】
昔の恋人からもらったプレゼント
使いましょう。使いたくない、思い出の品ならしっかり保管を。過去にしがみつく理由を考えてみて。「必要」と思わなくなれば処分を。

昔の雑誌
必要な部分だけ切り抜いて処分するか、スキャンしてデータ化しましょう。古い紙が沢山あると紙に虫が付き、ハウスダストアレルギーの原因になります。

【め】
メールマガジン
不要なメールマガジンは登録解除しましょう。解除の手間がかかりますが、数分で終わり、すっきりした気分は長く続きます。「時間がある時に」ではいつまで経ってもできません。今すぐ、登録解除を！

メガネ
度の合わないメガネはリサイクルショップへ。フレームの価値で買い取りしてくれます。

【も】
毛布
中学、高校の吹奏楽部やオーケストラの楽器運搬で求めている場合があります。問い合わせしてみて！

「もったいない」と思う気持ち
もったいなくありません。今のあなたの価値観に合わない物とお別れするだけです。マインドはあなた次第でいつでもチェンジすることができます。

【や】
痩せたら着る服
痩せた体に似合う服はいつでも手に入ります。お別れしましょう（お別れしない限り痩せません）。リサイクルショップへ、または処分。

【よ】
洋酒
何年も前にお土産で貰った洋酒。飲まないなら古酒買い取り専門店へ。料理に使える場合は使いましょう。どちらでもなければ処分。いつまでも残しておかないこと。

【ら】
ラジオ
防災用に1つは残しておきましょう。それ以外は小型家電リサイクルへ。（※①）

ラブレター
家族に読まれて、不快に思われるものなら、処分がおすすめ（データ化も可）。

自分の遺品になった時に、あれこれ詮索されない物を残すのがポイントです！

【り】

リボン

なんとなく集まってしまうリボン。きれいな物、使える物だけ厳選して、他は処分。

リモコン

小型家電リサイクルできます。（※①）

領収書

個人事業主は5年、法人は7年（赤字申告の場合9年・会社法では10年）残します。

【れ】

レコード

プレイヤーはありますか？　二度と手に入らない可能性が高いので、手放す場合はしっかり考えて。手放す場合はレコード買い取り専門店へ。反ったり割れたりしやすいので立てて収納を。

レシート

家計簿に書き写す、または家計簿アプリで撮影して処分。確定申告で必要な場合は、個人事業主は7年、法人は7年（赤字申告の場合9年・会社法では10年）残します。記録しない人は即、処分。「家計簿をつけるまで……」と長期間残さない。

レシピ本

その本でいくつの料理を作りましたか？　必要なレシピだけ書き写し、本は厳選しましょう。必要数残し、処分、またはリサイクルを。

【ろ】

六角レンチ

組み立て家具に付いてくる小さな六角レンチは、必要数だけ残して処分を。必要になったら１００円ショップで簡単に手に入ります。

【わ】

割り箸

沢山ある場合、日常生活で消費しましょう。洗い物が減ります。防災用で沢山残す場合は、防災グッズの所に収納しておきます。

ワープロ

今後も使わないなら処分を。小型家電リサイクル（※①）、またはワープロ買い取り専門店へ。

※①小型家電リサイクル法とは?

小型家電（携帯電話、デジタルカメラなど）には、鉄、アルミ、金、銀、銅やレアメタルなど、有用金属が多く含まれ「都市鉱山」と呼ばれる一方で、鉛などの有害な物質を含むものもあるため、適正な処理が必要です。このため、使用済み小型家電の回収・リサイクルを推進するため、2013年から「小型家電リサイクル法」がスタートしました。

お住まいの市町村の回収品目や回収方法に従い、正しいリサイクルをしましょう（自治体によって回収方法や対象品目は異なります）。市町村だけではなく、認定事業者による直接回収（量販店回収、拠点回収、宅配回収など）も実施しています。詳しくはお住まいの市区町村にお尋ねください。

※②特定家庭用機器再商品化法（家電リサイクル法）

一般家庭や事務所から排出された家電製品（エアコン、テレビ＝ブラウン管・液晶・プラズマ、冷蔵庫・冷凍庫、洗濯機・衣類乾燥機）から、有用な部分や材料をリサイクルし、廃棄物を減量するとともに、資源の有効利用を推進するための法律。

【同品目の新しい製品に買い替える場合】新しい製品を購入する店に引き取りを依頼します。店ごとに引き取り方法が異なり、収集運搬料金が必要な場合もあります。

【処分のみの場合】処分する製品を購入した店に引き取りを依頼します。店ごとで引き取り方法が異なるため、店に問い合わせを。購入した店がない、遠い場合などは、お住まいの市区町村の案内する方法によって処分します。市区町村ごとで方法が異なるので、市区町村のホームページ等で確認しましょう。

【指定引き取り場所へ持っていく場合】郵便局に家電リサイクル券があるので、必要事項を記入しリサイクル料金を支払い、指定引き取り場所に持ち込みます。

※③エステートセールとは?

1970年頃からアメリカで一般的になった、生前・遺品整理の方法です。不要になった美術品・骨董品に物の価値を見いだし、海外にリユース輸出するサービス。

掲載情報は2020年1月現在のものです。

おわりに

私はミニマリストではありません。大好きな食器の数は多く、興味のない衣類はとても少ない極端な人間ですが、とても快適に暮らしています。しかし、昔はそうではありませんでした。食器も衣類も本も今よりずっと沢山所持する、物メタボ。何でも取り入れるので、物の代謝が悪く、テトリスのように詰め込む収納をしていました。

「自分」がなかったので、人が「良い」と言う物は何でも取り入れたし、デザイン重視で使い勝手の悪い物を買って処分する失敗も数知れず……。「若気の至り」とも言えますが、それは単なる言い逃れ。非エコでお金、空間共にもったいないことをしてきました。

そんな私が今の暮らしにシフトしたのは、本書の冒頭に書いた、「大きな整理」を何度か重ねたから。「人生の棚卸し」は大袈裟かもしれませんが、何度も何度も不要な物を手放し「本当に自分の好きな物だけ残す」を極めたお陰で、「自分らしい物の持ち方」を確立しました。

そして、物を手放せば手放すほど、空間、快適、自由が増えることを実感したのです。

物の管理が不要なので、収納場所にも困りませんし、仕舞う時間も必要なし。無駄な買い物もしなくなるので、経済的効果も！

物を手放すと「自分らしさが無くなるのでは？」と思う方もいるかもしれませんが、その逆です。自分らしい物しか残らなくなるので、本当の自分が確立できます。そして、「よく考えたら、自分に合わない物ばかり持っていた」ことに気づき、物の買い方、お金の使い方、暮らし方＝人生が変わるのです！　きっと本書を参考に物の持ち方を見直した方は、それを体感しているはずですし、今まで、多くのレッスン生が、「沢山手放したけれど、なくなって後悔した物はない」と言い切っています。これから頑張る方には、「物を手放すのは怖くない」ことを知ってもらい、実感してもらいたいのです。

そういう思いを込めてこの本を書きました。物が沢山あっても死なないですが、手放せばきれいになって気持ちいいし、人生が変わります。それが事実かどうか？　あなた自身、実践して確かめてみてください。やれば必ず結果は出ます！　あなたの暮らしが更に快適に、上質になるよう、心より応援致します。

最後になりましたが、本書の出版にあたりご尽力くださった講談社エディトリアルの角田さん、ライターの野上さん、フォトグラファーの宮前さん、川井さん、実例掲載にご協力くださった方々、そしていつも現場で愛あるサポートをしてくれるTeamSayoスタッフに心より御礼申し上げます。そしていつも応援してくれるレッスン生、受講者の皆様、ブログ読者の皆様、スタッフや友達、家族、私に関わってくださる全ての方に感謝を込めて。

小西紗代

小西紗代 こにし・さよ

兵庫県神戸市在住。整理収納アドバイザー１級、風水鑑定士、生前整理アドバイザー準１級認定指導員。元幼稚園教諭。病気を機に退職後、2012年より、整理収納アドバイザーとして活動開始。整理収納に加え、風水、デジタルを取り入れた21世紀の開運収納術で、HappyとLuckyを呼び込む暮らし創りを提唱している。
著書に、『さよさんの「きれいが続く」収納レッスン』（講談社）、『さよさんの片づけが大好きになるベストアイデア』（宝島社）などがある。

WEBSITE　http://fino-life.com

装丁・デザイン　山原 望
イラスト　仲島綾乃
撮影　宮前祥子、川井裕一郎
整理収納アシスタント　春岡一美、瀧本ルミ、長浜のり子
編集協力　野上知子

リバウンドしない整理《せいり》収納術《しゅうのうじゅつ》

さよさんの「物《もの》の減《へ》らし方《かた》」事典《じてん》

2020年２月25日　第１刷発行

著　者　小西紗代《こにしさよ》
発行者　渡瀬昌彦
発行所　株式会社 講談社
〒112-8001 東京都文京区音羽2-12-2
販売 TEL 03-5395-3606　業務 TEL 03-5395-3615
編　集　株式会社 講談社エディトリアル
代　表　堺 公江
〒112-0013 東京都文京区音羽1-17-18 護国寺SIAビル６F
編集部 TEL 03-5319-2171

印刷所　大日本印刷株式会社
製本所　株式会社国宝社

　ISBN978-4-06-518301-4